미궁에
빠진
조선

미궁에 빠진 조선

누가 진짜 살인자인가

유승희 지음

글항아리

현재 나는 10년 가까이 조선시대 범죄에 관한 연구를 진행하고 있다. 범죄 관련 사료를 보기 시작한 것은 서울시립대 부설 서울학연구소에서 서울 사료 탐사작업을 한창 진행 중이던 2000년이었다. 1994년에 설립된 서울학연구소는 흩어진 서울 관련 자료들을 파악하고 모아 해석해내는 일을 꾸준히 해오고 있었다. 내가 박사과정에 들어가 이 작업에 참여했을 때는 연구소에서 『포도청등록捕盜廳謄錄』과 『추안급국안推案及鞫案』 속에 나타난 서울 관련 자료들을 탐사할 계획을 세우고 있었다.

당시 역사학계는 거시적인 정치사·철학사 중심에서 미시적인 민중생활사로 연구 영역과 방법을 확장해나가던 때였고, 그중 범죄를 통해 당대의 사회상을 재인식하려는 움직임이 막 시작된 때였다. 범죄를 주목한 단행본이나 논문이 희귀했고 그나마 연구자의 개인적인 관심에서 산발적으로 드문드문 쓰어진 것이어서 체계적인 접근이 부족했다. 당연히 관련 사료가 어디에 얼마나 있는지 그 전체적인 규모조차 가늠되지 않았다. 그래서 나는 1차 사료의 소재지를 모으고 읽어내는 작업부터 시작해야 했다. 조선시대 형사기관의 근무 일지 및 범죄 수사 기록이라 할 수 있는 『포도청등록』과 『추안급국안』 읽기는 그 첫 작업이었다.

『추안급국안』은 1601년(선조 34)부터 1892년(고종 29)까지 변란變亂 · 역모逆謀 · 사학邪學 · 당쟁黨爭 · 괘서掛書 등 주로 정치범과 강상죄인에 관련된 내용을 기록한 책이다. 여기에는 각 역모 사건의 개요, 추국 과정, 죄인의 공초 등이 상세하게 나와 있어 조선후기 정치적 정황과 인물관계, 구체적인 사건들의 전모를 자세히 살펴볼 수 있었다. 『포도청등록』은 주로 포도청 관리의 인사관계, 통행 및 숙직直宿관계, 승정원 및 관계 기관의 상언上言 등이 수록되었으며, 포도청에 잡혀온 죄인들을 심문하고 진술받은 내용이 상당한 비중을 차지했다.

처음 자료들을 접했을 때 그 방대한 분량에 압도됐다. 언제 저걸 다 읽고 제대로 된 논문을 써서 의미 있는 시대 해석에 이를 수 있을까 걱정이 앞섰던 것이다. 그런데 얼마 지나지 않아 이 작업이 비록 힘들지만 지적인 흥미를 이끌어낸다는 걸 알 수 있었다. 우리가 알던 추상적인 조선과는 비교도 안 될 만큼 구체적이고도 드라마틱한 삶이 그 안에 펼쳐져 있었기 때문이다.

범죄는 일반적으로 인간의 부정적인 단면을 드러내지만, 한편으로 삶의 실존적 측면을 나타내는 것이기도 하다. 따라서 범죄 연구는 인간 내면의 의식 세계뿐 아니라 구성원 간의 갈등과 긴장, 그것에 대한 사회 통제와 질서 유지, 그 상호관계를 규명하는 하나의 수단이 될 수 있으며, 이를 통해 당대를 살았던 민民의 생활을 복원할 수 있다. 조심스럽게 범죄 관련 기록에 접근했던 내가 결국 그것을 주제로 박사논문을 쓰게 된 이유도 바로 여기에 있었다.

『포도청등록』과 『추안급국안』을 읽고 나자 범죄에 관련된 기록을 전부 뒤져서 살펴보기 시작했다. 다른 사료 속에 나타난 범죄 기록과 민의 갈등 양상이 어떠했는가를 알고 싶었기 때문이다. 그러한 과정에서 만난 것이 『일성록日省錄』이다. 1760~1910년까지 국정 전반에 관한 매일의 기록이라 할 수 있는 『일성록』에는 어떤 사료보다도 훨씬 상세하게 한 사건에 대한 왕, 신하, 형사기관, 범죄인 등 범죄 사건을 구성하는 주체들의 입장이 드러나 있었다. 『일성록』과의 만남은 나의 조선 범죄사 연구에서 획기적인 진전을 가져온 사건이었다. 이 정도로 인물들의 내밀한 고민과 사건의 개요가 충실히 담겨 있다면, 비록 미시적이고 개별적인 사건들에 대한 연구라 할지라도 그 결론이 한국사의 구조적 본질과 맥이 닿게 할 수 있을 것 같았다.

종래에는 조선사회를 다소 큰 사건이나 구조 중심으로 분석하는 경향이 적지 않았다. 민란民亂이나 사화士禍를 통해 시대적 특징을 설명하는 것이 그 대표적인 사례다. 하지만 나는 구조적인 접근은 일상생활에서 일어나는 사건과 그 속에서 백성들이 겪는 갈등으로 보충돼야 한다고 생각했다. 거시적 시각을 입증해줄 미시적 연구가 필요했던 것이다. 역사학은 과거의 사료를 평가·검증하는 과정을 통해 역사적 사실과 그 관련성을 추구하는 학문이다. 어떤 사료에 대한 해석이 당대의 실제 삶과 맺고 있는 관련성 면에서 촘촘하지 못하면 역사 연구는 언제라도 무너져내릴 수 있는 것이다. 그런 확신 속에서 나는 범죄를 통한 '역사 읽기'를 시도할 수 있었다.

이런 과정을 거쳐 나는 조선시대 범죄를 주제로 많은 논문을 써왔다. 이 책은 논문 속에서 다룬 테마나 사건들 중에 당대적 삶을 잘 담고 있는 내용들을 중심으로 써본 결과다. 논문이 사실을 입증하고 시대적 특징을 읽어내는 데 목적이 있었다면, 이 책은 그런 해석보다는 그 당시 벌어졌던 사건들을 하나의 내러티브로 보완하려는 데 목적이 있다.

『조선왕조실록』과 『일성록』 등의 연대기와 범죄자에 관한 사건 처리 내용이나 과정을 기록한 『추관지秋官志』『심리록審理錄』『흠흠신서欽欽新書』 등 수많은 사건 중에서 어떤 걸 골라내야 할지 고민하다가 '살인범죄'만을 선별해서 다루기로 했다. 그 이유는 살인범죄가 주는 사회적 충격은 다른 범죄와 달리 사회적 반향이 컸으며, 그 발생 원인을 분석해보면 경범죄와는 달리 당대의 사회적 특성이나 모순을 쉽게 파악할 수 있기 때문이다.

이 책에서는 가능한 한 범죄의 내용뿐만 아니라 시대적 배경, 범죄의 의도, 범죄 방법, 검험관의 검험 방법 등 범죄에 관한 역사적 사실과 더불어 조선시대 수사 방법을 자세히 다루고 있다. 흉악한 범죄일수록 범인이 그 흔적을 은폐하고 있기 때문에 조선시대 수사관들은 모든 수단과 추리를 동원해서 사건 해결의 실마리를 찾아야 했다. 그것이 얼마나 과학적이고도 정밀하게 진행되는지, 범죄를 일으킨 정황이 실제 역사를 어떻게 반영하고 있는지, 아울러 범죄 뒤에 숨겨져 있는 당시의 사회적 갈등 양상이 무엇인지 세밀하게 짚어나가고자 했다.

이 책은 역사를 전공한 사람뿐만 아니라 청소년과 일반인들도 쉽게 이해할 수 있게 씌어졌다. 하지만 여전히 부족한 점이 많으리라 생각한다. 이러한 점은 독자 여러분의 관심과 질책이 계속될 때에 차츰 극복될 수 있으리라 믿는다. 또한 글을 쓰면서 관련 분야의 연구 성과에 많이 의존했다. 책의 성격상 일일이 주를 달지 못하고 참고문헌으로 대신한 점, 선학들의 양해를 구한다.

끝으로 편집과 교정으로 책을 깔끔하게 만들어주신 글항아리 강성민 대표와 편집부의 노고에 깊이 감사를 드린다. 아울러 공부를 계속할 수 있도록 도와주신 이존희·정재정 선생님을 비롯한 국사학과 선생님들, 매일 기도해주시는 부모님과 시부모님에게 뒤늦게나마 고마움을 표한다. 특히 힘든 내색 없이 항상 일관된 마음으로 뒷바라지해준 남편 홍형기와 딸 지인이에게도 고마움을 전한다.

2008년 4월
저자 유승희

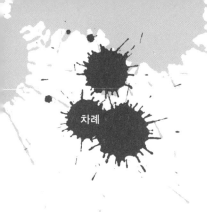

차례

머리말 _004

사건 01

칠흑같은 그날 밤
낮을 휘두른 이는 누구인가

문회소에서 자던 진사 안종면의 죽음

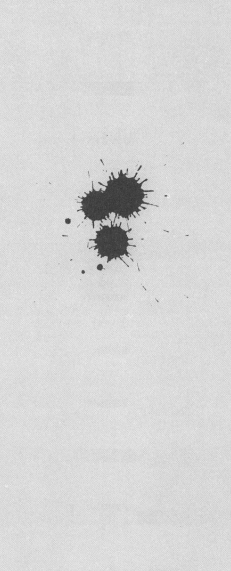

문회소에서 잠자던 진사 안종면
흉기에 찔려 살해되다

1783년 음력 7월 3일. 황해도 송화에 사는 진사 안종면安宗冕은 인근 지방의 이름난 유학자나 선비들을 초대한 가운데 개접례開接禮를 하느라 분주했다. 개접례는 조선시대 서당에서 연중행사로 하던 글짓기 경쟁인 거접居接을 시작할 때 여는 잔치였다. 개접례 후에는 서당에 있는 동급의 학도를 비롯하여 지방의 여러 유생들이 동접東接·서접西接 등으로 편을 갈라 시제詩題를 놓고 본격적으로 경쟁했다.

안종면이 사는 송화의 문회소文會所에는 지방의 유생들이 모여들어 혼잡했다. 며칠에 걸쳐 글짓기 경쟁을 해야 하므로 같은 접의 유생들은 한자리에 모여 숙식하며 생활했다. 거접을 파하는 시기가 대체로 칠월 칠석 또는 그 전날이므로 유생들은 사흘 정도 더 경쟁을 해야만 했다.

다음 경쟁을 위해 모두 개접례를 마치고 일찍 잠자리에 들었다. 한 여름이었기에 23명의 유생들은 모두 문회소 재실 마루에 발을 친 채 잠을 청했으며, 진사 안종면도 그들 무리에 끼여 있었다.

한창 잠이 든 무렵, 갑자기 안종면 옆에서 자고 있던 유생이 놀라 일어나며 "안진사가 죽었다"고 소리쳤다. 함께 자고 있던 유생들이 일어나 마루 위의 불을 켜고 바라보니 안진사의 배가 갈라져 오장이 흘러 나왔으며, 주변은 피로 흥건히 물들어 있었다. 한밤중에 일어난 일이라 누가 그랬는지 아무도 알지 못했다. 더욱이 이날은 비가 내려 사방이 몹시 어두웠으므로 사람을 분간할 수 없을 정도였다.

황해도 송화현의 수령은 서둘러 검험을 시작했다. 안종면의 시신은 명치의 살점이 찢겨져 창자가 드러나 있었다. 칼에 찔린 게 명확했으나 증거물이 없고 증인도 명확하지 않았다. 원한에 의한 살인이라 본 검험관은 우선 그와 원한관계에 있는 사람들을 조사하는 것에 초점을 맞췄다. 그러자 안종면의 유족들은 이웃 정대은아지鄭大隱阿只가 의심스럽다며 관아에 조사해줄 것을 요청했다.

정 여인은 안종면과 서로 대문을 마주하고 있는 이웃이었다. 둘은 원수지간이었다. 그녀는 얼마 전 남편을 잃고 형제들이 형장을 맞았는데, 그 모든 것이 안종면의 밀고로 이뤄진 것이라고 생각하고 있었다. 안종면의 친척들은 정 여인이 항상 복수할 마음으로 평소에도 칼을 품고 다녔으며 "반드시 보복하겠다"는 말을 온 동네에 소문낼 정도로 자주 하고 다녔다고 했다. 그녀는 곧바로 체포됐다.

황해도 관찰사는 시문을 지어 서로 비평하는 문회소에서 갑자기 칼로 사람을 찌르는 변고가 발생하자 몹시 놀라 있었다. 검험관의 보고에는 평소에 원한을 품은 정 여인이 원통한 마음에 보복을 한 것이라고 했지만 범행의 자취는 전혀 포착되지 않았다. 관찰사는 이러한 내용을 기록하여 왕에게 장계를 올렸으며, 이어 형조가 본격적으로 사건을 맡아서 심리했다.

검험관의 의견을 뒤집은 형조
"범인은 정여인이 아니다"

과연 이러한 행동을 연약한 여자가 할 수 있을까. 형조에서는 당연히 의문을 품었다. 범행한 흔적이 지극히 민첩하고 기술적이었다. 사건 당시 안종면은 남쪽인 바깥으로 머리를 두고 다리는 마루 중간을 막아놓은 발을 향하고 있었다. 안종면의 양 옆으로는 유생들이 한꺼번에 좁은 마루에서 자고 있었기 때문에 한 사람이 바로 누워 있으면, 다른 사람은 반대로 누워서 칼잠을 잤다. 범인이 마루 위로 올라갈 경우 사람들의 팔다리를 밟거나 배를 짓눌러 이들 모두가 깰 수밖에 없는 상황이었다. 그런데 안종면은 바깥으로 머리를 두고 있었기에 범인이 직접 올라가지 않고도 충분히 찌를 수 있는 거리였다. 이러한 사실로 미루어 형조는 범인이 마루 밖 섬돌에 서서 칼을 휘둘렀을 것으로 추측했다.

상처의 흔적을 봐도 마찬가지 결론이 나왔다. 안종면이 칼에 찔린 상흔은 명치 위는 넓고 아랫부분인 배는 뾰족해 방향은 아래로부터 찔러 위에서 끝난 것이었다. 또한 뚫고 들어간 방향과 넓이를 볼 때 범행에 사용된 도구는 칼이 아닌 낫이었다. 낫날은 날카롭고 뾰족하며 굽어 있기 때문에 처음 들어간 곳은 그 상처가 가벼우나 나올 때는 넓고 컸다. 형조는 범인이 안종면의 머리참에 서서 낫으로 단번에 아랫배를 그은 후 윗배에 이른 것으로 추론했다.

하지만 사건 발생 당일은 비가 많이 와서 몹시 어두웠고 좁은 공간에 23명이나 뒤섞여 자고 있었으므로 누가 이곳에 있고 누가 저곳에 있는지 확인하기가 불가능했다. 더구나 안종면을 죽인 손놀림이 거리낌이 없어 여인이 할 수 있는 행동으로 단정짓기는 어려웠다.

이에 형조는 두 가지 방향으로 추측을 시도했다. 하나는 안종면과 원한관계에 있는 유생이 계획적으로 살해한 모살謀殺일 수 있고, 아니면 원한관계에 있는 사람이 안종면을 그 원수인 것으로 착각하고 잘못 찌른 오살誤殺일 수도 있다고 생각했다. 그럴 가능성이 충분할 만큼 칠흑 같은 어둠이었다.

증인들의 진술은 서로 일치하지 않았다. 사건 당일 문회소에 있던 사람 중 행랑에 잠시 머물고 있던 최선중이 먼저 진술했다.

"막 첫잠이 들려 할 때 갑자기 도둑이나 호랑이를 쫓는 듯한 소리를 듣고 잠자리에서 일어나 마루 위를 살펴보았습니다. 이때 어떤 사람이 '안진사의 창자가 드러났다' 하므로 감히 나가서 보지는 못하고 재실 문 뒤로 물러섰습니다. 이웃의 오억춘吳億春이 그의 집에서 재실 문으로 오며 '무슨 변고가 있느냐' 하므로 '나도 잘 모르겠다' 하고 서로 말을 주고받을 때 마루에 불이 켜졌고 안종면이 피를 흘리며 죽어 있었습니다."

형조는 최선중의 진술에 의문을 품었다. 그는 행랑에 잠시 머물러 살고 있었으므로 재실 문이 열리고 닫히는 상황을 모를 리가 없었다. 또한 마루 위에서 변고가 있는 걸 알았다면 마땅히 놀라서 달려가 자세히 물어보고 살펴봤어야 했는데 태연스러웠고, 오억춘이 물어볼 때에도 예삿일로 대답했다.

재실문의 개폐 여부를 묻는 검험관의 심문 과정에서 김여경金呂京은 "외양간에 소가 있어 매일 밤 잊지 않고 문을 닫았으나 어젯밤 변고가 난 뒤 보니 문이 열려 있었다"고 했다. 여러 유생은 "거접한 이후로 재실 문을 일정한 때가 없이 드나들었기 때문에 문에 빗장을 잠그는 일이 없었다"고 말했다. 사건 당시 재실문이 열려 있었는지 닫혀 있었는지는 범인이 내부자인지 외부자인지, 혹시 외부자이면 담을 넘었는지 문으로 출입했는지를 밝혀줄 수 있는 중요한 열쇠였지만, 김여경의 진술과 유생들의 진술이 서로 맞지 않았다.

게다가 그날 밤 비가 많이 내려 길이 질퍽했으므로 반드시 범인의 족적이 담장이나 문에 진흙 자국으로 남아 있을 텐데, 당시 검험관들은 사건 현장에서 이런 발자취를 찾아보려고도 하지 않았다. 더욱이 검안에 칼에 찔린 곳이나 칼질이 시작된 곳, 멈춘 곳 등을 기록하지 않아 조사가 매우 소홀했음을 알 수 있었다.

형조는 초검관과 재검관의 죄를 모두 조사해 중벌에 처할 것과 사건 연루자들을 재조사할 것을 청했다. 아울러 정 여인을 잡아가두고 형추하는 것은 마땅하지 않으니, 그녀의 형을 잠시 정지하고 다시 관찰사로 하여금 직접 조사하게 하여 조리에 맞게 아뢸 것을 청했다.

대개 형옥을 처리할 때에는 명백한 증거와 실제 자취를 확보한 뒤에야 비로소 주범을 정하고 형률을 시행할 수 있었다. 그러나 이 사건은 검험관들이 단지 안종면의 유족들이 의심스럽다고 지적한 것만 듣고 억지로 정 여인을 주범으로 단정하고 여러 차례 고신을 가했다. 형조의 보고를 받은 왕은 이들 검험관과 관찰사를 논죄하는 한편 특별 교지를 내려 사건의 전면 재조사를 명령했다.

또다른 용의자 오억춘
그는 왜 재실에 있었는가

왕의 명령을 받은 황해도 관찰사는 정 여인을 방면함과 아울러 도내의 수령 가운데 강직하고 명철한 사람을 뽑아 송화현에 입회해 사건을 조사하게 했다. 이어 특별 조사관은 시친屍親*을 비롯해 사건 당시 안종면과 함께 숙식했으며 검험 때 문초에 응한 사람들을 다시 불러들였다.

조사관은 행여 거접에 참여한 유생 가운데 안종면을 원수처럼 여긴 자가 있었나를 조사했다. 그러나 이들 모두는 양반을 죽인 범인을 자신의 원수처럼 여기고 있었다. 연기하는 자가 있을지도 모르지만 의심할 만한 단서를 발견할 수 없었다. 또한 안종면을 다른 사람으로 착각하고 살해했을 가능성에 염두를 두고 유생들 가운데 남과 원수진 자가 있는지를 살펴봤지만 원한관계에 있는 이들은 아무도 없었다. 만약 이 중에 범인이 있었더라도 수사의 방향을 만천하에 알리고 있는 꼴이어

---

* 살해당한 사람의 가족이나 친척.

조선시대 정장 차림의 무관. 조선후기 지방 관아에 소속된 무관들은 연일 터지는 사건 사고로 골머리를 앓았다. 특히 신분제가 헝클어지면서 양반과 상민 간, 양반과 천민 간에 각종 소송이 끊이지 않았고 가난한 집안의 노비가 못 버티고 도망가면 잡으러 다녀야 했다. 해당 양반이 관아에 찾아와 부탁하면 이를 거절하는 게 쉽지 않았기 때문이다.

서 꼬투리를 잡힐 리가 없을 터였다.

조사관은 부엌방 아래에서 거주하는 김여경 부자와 재실 문 옆에 거주하는 최선중 내외, 맞은편 집의 김시위, 사건 현장에 먼저 도착해 변고를 묻던 오억춘 등을 다시 불러다 심문했다. 이 사람들이 이번 사건의 핵심 인물이었기 때문에 그들의 첫 진술과 현재의 진술을 비교하여 상이한 점이나 결점을 조목마다 살펴서 추궁했다.

재실 문 곁에서 자고 있던 최선중은 안종면이 낫으로 찔릴 때 놀라서 깨어 곧 일어났다고 했고, 김시위는 잠결에 문회소에서 떠들썩한 소리가 들려 겨우 나왔다고 했다.

드디어 조사관의 시야에 희미하게 균열점이 들어왔다. 말 중에 이상한 것이 있었다. 최선중은 초검 진술에서 막 첫잠이 들려 할 때 웅성거리는 소리를 듣고 일어나 나가보니 안종면이 죽어 있었다고 말했다. 이때 오억춘이 재실에 무슨 일이 있느냐고 그에게 물어봤다. 바로 이 부분이었다. 사건 시간은 한참 마을 사람들이 잠에 빠져 있을 한밤중이다. 다른 증인들은 문회소 안에 머물고 있었지만, 오억춘은 집이 가깝다 하더라도 문회소에서 최소한 몇십 보는 걸어야 했다. 그런 그가 왜 하필 사건이 발생할 때 재실 주변에 있었을까.

조사관은 다른 증인과의 대질 심문을 통해 오억춘을 추궁하기로 했다. 그는 조사가 진행되자 어찌할 바를 몰라 안절부절못했으며, 말의 앞뒤도 맞지 않아 혼란스러웠다. 처음에는 엉뚱한 사람을 끌어들여 수상한 자취가 있다고 했다가, 자기는 안종면과 원한관계가 없으며 오히려 서로 친했다는 것을 강조했다.

소식을 듣고 달려온 유족 및 여러 유생들은 그가 정 여인과 한통속

이 되어 안종면을 찔러 죽였다고 했다. 조사관이 오억춘을 거의 범인으로 몰아가자 그때까지 잠자코 있던 동네 사람들이 유족에게 무언가를 말해줬던 것이다. 안종면의 이웃에 사는 김홍대는 사건이 나던 날 정여인이 오억춘의 집 문에 붙어서 서 있는 걸 봤다고 증언했다. 웬 여인인가 해서 가만히 보니 속에 뭔가를 감추고 누굴 기다리는 모습이었는데 지금 생각해보니 칼이었던 것 같다고 했다. 그리고 잠시 뒤 오억춘이 몽둥이를 지니고 문을 나오는 것도 보았다고 했는데 김홍대뿐만 아니라 동네 사람 복덕도 이를 목격했다고 털어놓았다.

오억춘은 그러나 자신은 알리바이가 확실하다며 펄쩍 뛰었다. 사건 당일 아내가 깨웠는데, 그때 뭔가 문회소에서 사람들이 웅성거리고 있어 확인해보려고 문을 나갔다는 것이다. 그러면서 그 시간에 자신을 목격한 자로 정수동의 아내, 최춘망, 김시위 등을 끌어들였다. 그는 조사관과 세 사람을 데리고 다니면서 문회소에서 웅성거리는 소리를 듣고 나서야 재실 문으로 간 정황을 증명했다. "내가 이 모퉁이를 돌 때 당신과 만났고, 그때 춘망이도 저 앞에서 달려오지 않았느냐"라고 하자 세 사람은 모두 오억춘의 말이 사실이라고 대답했다.

범인으로 보기엔 너무나 확실한 현장부재증명이었다. 조사관은 머리가 복잡해졌다. 몽둥이를 들고 있는 걸 봤다는 증언이 진짜인지, 사건 당시 자고 있었다는 게 진짜인지 헷갈렸다. 둘 중 하나는 분명 잘못되었다. 그렇다면 밤중에 멀리서 본 김홍대가 오인했을 가능성이 높았다. 아니, 오억춘이 이미 증인들과 말을 맞춰놓았을 가능성도 전혀 배제할 수는 없었다. 확인차 다시 오억춘의 아내를 불렀다. 정확히 남편이 일어나서 나가는 걸 보았냐고 재차 물었다. 그러나 그녀는 밖에서

장옷을 쓴 조선의 부인. 조선의 여인들은 삼종지도와 칠거지악에 갇혀 살았다. 하지만 단순한 순종을 넘어 남편이 억울하게 죽으면 원수를 찾아내 직접 복수할 만큼 적극적인 윤리로 스스로 만들어 나가는 측면도 있었다.

소리가 들려 남편을 깨웠고 그때가 밤 2경이었다고 재차 대답했다.

'2경?'

사건이 일어난 시각은 3경이었다. 조사관은 짐짓 모른 척 다시 물었다. "그러면 남편이 돌아온 시간은 언제냐." 그러자 오억춘의 아내는 나가는 것만 봤지 들어오는 것은 보지 못했다고 답했다. 못 본 것인지, 돌아오지 않은 것인지를 조사관이 다시 추궁했다. 아마 돌아오지 않은 것 같다고 했다. '돌아오지 않았다?'

즉, 오억춘의 아내는 남편이 밤 2경에 문을 나섰으나 그가 돌아오는 것은 보지 못했다고 증언했다. 오억춘이 증인으로 내세운 세 사람의 진술은 모두 일치하고 있으나 부인만 말하는 것이 달랐다. 부인의 말에 따르자면 오억춘은 사건이 발생하기 2시간 전에 사건 현장에 달려갔다는 것이니 서로 모순됐다. 약 1경 동안 오억춘의 행적이 묘연했다.

조사관이 오억춘을 불렀다. 일단 그를 안심시켰다. 알리바이가 입증됐으니 마지막 한 가지만 확인해달라며 그날 밤에 사건을 보고 들어와서 그냥 잤냐고 물어봤다. 그러자 쉽게 잠을 이룰 수는 없었다고 대답했다. 아내가 무슨 일이 났냐고 하길래 좌우간 큰일이긴 한데 밤이 늦었으니 내일 얘기하자고 한 후 그냥 잤다고 했다.

드러난 사건의 전말
"원수를 죽이는 자에게 딸을 주겠다"

드디어 범인이 잡혔다. 오억춘은 마지막 한마디 때문에 결국 범행

일체를 자백하고야 말았다. 세 사람의 진술이 모두 일치했던 까닭은 오억춘이 아내를 보내 이미 사주했기 때문이었는데, 정작 부인이 끝까지 입을 맞추지 못한 것이다.

오억춘은 자신이 안종면에게 원한을 품게 된 이유와 정대은아지가 원수를 갚겠다고 말하고 다닌 것까지는 진술했으나 끝내 그녀와 살인을 공모한 사실에 대해서는 부인했다.

살인 사건이 발생하기 전 마을 사람인 오명담吳命淡이 형장을 맞은 뒤 사망하는 일이 있었다. 무슨 일인지는 모르지만 고발자는 진사 안종면이었다. 오명담은 바로 정 여인의 남편이다. 그녀는 남편을 죽게 만든 안종면을 원수로 여겨 보복하려고 했다. 그녀의 출가하지 않은 딸은 안종면을 찌르는 자와 결혼하겠다고까지 말하고 다녔다. 당시 오억춘은 오명담의 먼 친척으로 그와 친구처럼 지냈을 뿐 아니라 부인 정여인에게서 많은 도움을 받고 있었다. 그런 상황에서 오명담이 매를 맞고 죽자 정 여인과 한마음으로 안종면을 원수처럼 생각했다.

이러한 때에 마침 학문을 토론하는 모임이 있게 되자 정 여인은 오억춘과 함께 보복할 계획을 세웠다. 먼저 정 여인이 일이 성사되면 딸과 약혼을 시켜주겠다며 많은 뇌물을 주고, 문회소에 거주하는 김봉규를 꾀어내 낫을 놓아두는 곳을 알아냈다. 그런 후 오억춘은 재실문의 여닫는 상황을 캐낸 다음 밤을 틈타 김봉규의 낫으로 배를 가르고 안종면을 살해했다.

조사관은 오억춘이 범행하던 절차와 흉기로 안종면을 내려찍은 사실을 낱낱이 진술받았다. 김봉규는 혼인을 약속한다는 말을 달게 듣고 낫을 빌려주었으므로 살인방조죄에 해당돼 종범으로 삼아 엄중히 가

조선시대 지방 관아의 모습. 고을 원의 관저이자 집무처이기도 하다. 고을의 크고 작은 공무를 여기서 보았는데, 시체의 검험은 주로 살인사건이 난 현장에서 이뤄지지만, 일단 용의자가 붙잡히면 그를 심문하는 곳은 이곳 관아의 마당이었다. 현재 우리나라 곳곳에는 아직도 관아의 건물이 많이 남아있다. 그만큼 관아는 오늘날의 시청과 구청, 동사무소와 세무소의 온갖 기능을 다 합쳐놓은 지방행정의 꽃이라고 할 만했다. 최근 들어 지방 관아의 기능과 수령의 일상생활에 대한 학계의 연구가 보고되고 있어 관아를 중심으로 한 조선시대 생활사의 구체적인 모습을 좀더 실정에 가깝게 만나볼 수 있을 날이 멀지 않은 듯하다.

두었다. 당시 정 여인은 사건이 발생했을 때 잡혀들어갔다가 증거가 없어 왕의 특별 교지에 의해 보증을 세우고 풀려난 상태였다. 오억춘이 범행을 자백한 후 살인 교사의 죄목으로 그녀를 다시 신문했지만 조사관은 확증을 잡지 못했다. 다시 보증을 세워 내보낼 수밖에 없었다. 범행에 사용한 낫에 대해선 김봉규가 "다시 버렸다"고 진술하므로, 비록 형체는 없지만 범행의 주요 흉기이므로 그림으로 그려 상급 관아에 올렸다.

하지만 황해도 관찰사는 정 여인이 사주해 원수를 갚은 것이라는 주장을 굽히지 않았다. 따라서 오억춘은 사형에 처하고 정 여인은 엄중하게 처벌할 것을 주장했다. 형조 또한 회계에서 다음과 같이 말했다.

"오억춘이 안종면을 찔러 죽인 것은 군말 없이 자복했으나 정 여인이 살해하라고 사주한 것은 바로 말하지 않으니 꼬치꼬치 캐물어 처리해야 할 것입니다. 김봉규 또한 낫을 빌려주며 내응하고서, 오억춘이 살해한 것은 모른다고 하니 대단히 교활하고 악독합니다. 다시 엄중히 조사해야 할 것입니다."

사건의 전말을 들은 정조는 범행에 동모한 오억춘을 이해할 수 없었다. 오억춘은 안종면과는 아무런 관계가 없는 이웃에 불과할 뿐이었다. 그가 아무리 오명담과 친분이 있었더라도 자신의 목숨을 담보로 해서 범행을 저지를 필요는 없었다. 남을 위해 원수를 갚는 것은 의협심이 있는 사람일지라도 어려운 일이었으며, 더구나 죽음을 좋아하는 사람은 없었다.

정조는 주범 오억춘에게 다시 엄중한 형장을 더해 더 숨긴 사실이 없는지 자백받도록 지시했다.

정여인은 풀려나고
오억춘은 사형당하다

반면 정여인에 대한 정조의 생각은 죄가 있다 해도 감형 쪽이었다. "혹시 범정犯情이 있었다 해도 남편을 위한 데서 나온 것이며, 확증도 없으니 석방하라"고 지시했다. 그러나 함께 동모한 오억춘의 경우는 그 행적이 드러나 사형을 면할 수 없었다.

이 사건은 부모, 남편, 형제를 위한 아들, 부인, 동생들의 복수·보복적 행위가 조선사회에서 살인의 정당한 이유가 되어 어느 정도 용인되고 있었지만, 감형의 범위가 살인에 동조한 이들에게까지 미친 것은 아니란 점을 보여주고 있다.

사건 02

국부를 칼에 베인
의문의 여인 변사체

내금위 이화의 여종 동비 살해 사건

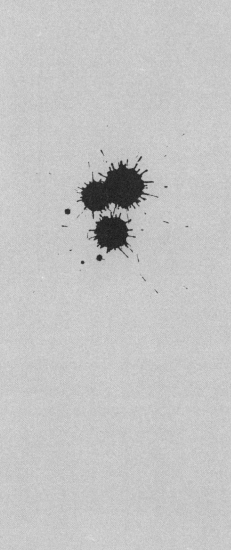

1488년(성종 19) 5월 20일. 수구문水口門 밖 왕십리 주변 개천에 여자의 변사체가 둥둥 떠다니고 있었다. 수구문은 사대문 동쪽 문인 홍인지문과 남대문인 숭례문 사이에 있는 작은 소문小門으로, 원래의 명칭은 광희문光熙門이었다. 광희문은 문밖으로 공동묘지가 있고 청계천이 가까웠기 때문에 도성에서 사람이 죽거나 죽어가는 환자를 내보내는 경우가 많았다. 이 때문에 속칭 시구문屍口門 혹은 수구문으로 불리기도 했다. 특히 1886년에는 도성 안에 콜레라가 창궐해 광희문 밖에는 내다 버린 시체와 죽어가는 환자들로 생지옥을 이루었다.

　이렇듯 수구문 밖으로 많은 시체가 나뒹굴고 있었지만 여자의 시체가 알몸으로 버려진 경우는 극히 드물었다. 분명 누군가에게 살해당한 채 버려진 것이었다. 동부 왕십리의 사람들은 급히 한성부에 알렸고, 부민들의 신고를 받은 한성부는 참군參軍 박한주朴漢柱를 파견해 시체를 조사하도록 했다.

　여자의 시체는 눈 뜨고 못 볼 정도로 참혹했다. 며칠을 물에 잠겨 있었기 때문에 살이 퉁퉁 불어 있었다. 흔히 물에 빠져 죽은 경우 시신의

동북쪽의 홍화문, 서북쪽의 창의문, 서남쪽의 소덕문, 동남쪽의 광희문은 서울의 사소문이다. 사소
문은 사대문 사이사이에 설치된 중간 크기의 문들로, 4대문보다 규모가 작으나 실제로 한성을 드나
드는 주요 출입구였다. 광희문은 서울의 다른 도성문들과 마찬가지로 1396년(태조 5)에 건립되어
숙종 연간 석축을 고치고 문루도 지어 문으로서의 온전한 모양을 갖췄다. 일제 초기에 문루는 없어
지고 홍예문만 남았던 것을 1975년, 도성 복원 과정에서 남쪽으로 약 15미터 옮기면서 없어졌던 문
루도 다시 세웠다. 사진은 한말 광희문 안쪽의 전경이다. 전염병의 창궐로 도성 안의 사람들이 죽어
나갈 때 저 문밖은 시체로 가득했다.

상태는 살이 문드러져 허옇게 되며, 입은 벌려지고 눈은 감겨져 있다. 만약 복부가 팽창하고 손톱 틈에 진흙이나 모래가 껴 있으면 이는 생전에 물에 빠져 죽은 것이고 그렇지 않으면 죽은 후에 물에 빠뜨려진 것이다.

개천에서 발견된 여인의 시신은 외관상으로도 구타당한 흔적이 뚜렷했으며, 여자의 음문陰門부터 항문까지가 칼로 자른 것처럼 갈라져 있었다. 한성부에서는 시신의 상처로 보아 서로 싸우다가 발생한 사건이 아니라 사대부가의 투기심 많은 아내가 첩이나 여종을 질투해 분풀이한 소행일 것이라고 추측했다.

한성부 참군 박한주는 이러한 정황을 성종에게 아뢰었다. 왕은 범행이 참혹해 풍속을 무너뜨릴 만하다며 철저히 조사할 것을 명했다. 곧 의금부 당상 등이 모여 범인을 체포하는 절목을 의논했으며, 태평관太平館에다 삼청三廳을 두고 의금부·형조·한성부의 관원과 승지承旨 세 명이 분담해 관련자들을 추국하기 시작했다.

이틀 후인 5월 22일, 성종은 여자 시체를 유기한 죄인의 고발 문제를 의금부·형조·한성부에 정식으로 전지했다.

"시체의 온몸이 상처 투성이인 데다 음문을 갈라 곡도穀道*에 이르게 했으니, 참혹하기가 아주 심하다. 이것이 어찌 여염의 미천한 백성이 서로 싸우다 한 짓이겠는가? 틀림없이 거가巨家의 독살스러운 아낙네가 첩을 질투하여 속 시원하게 분풀이를 하려던 소행일 것이다. 무릇 사대부의 행

---

* 대장과 항문을 아울러 이르는 말.

동은 온 나라 백성들이 본받는 것이다. 끝까지 추궁하여 죄를 묻지 않는 다면 뒷날 이를 본받는 무리들을 어떻게 금지시키겠는가? 세종조에 이맹 균李孟畇의 처가 질투로 집안의 여종을 제멋대로 죽였는데, 이맹균이 즉 시 고발하지 않고 망설이다가 입장이 궁색하게 된 다음에야 알렸으므로, 그 사건에 연좌되어 죽을 때까지 유배당했다. 지금의 종친과 신료들이 만 약 이맹균의 자취를 다시 밟는다면 마땅히 법으로 조치하고 속인 죄를 다 스릴 것이니, 그리 알도록 하라."

성종은 범인이 분명 왕실 족친이나 대신의 가족 중에 나올 것임을 믿어 의심치 않았다. 이맹균의 사례만이 아니라 정확히 10년 전인 1478 년에도 세조의 아들인 창원군 이성이 종 고읍지를 잔인하게 살해해 성 종을 곤란에 빠뜨린 일이 있었기 때문이다.

삼사를 비롯한 많은 대신들은 밀고密告를 받자고 왕에게 주청했다. 밀고는 더러 선량한 사람을 모함하는 경우가 있었다. 밀고를 받아서 옥사를 추국推鞫하게 되면 원수진 사람끼리 거짓으로 지목하는 경우가 빈번했으며, 일반 백성들을 잡아들여 멋대로 형장刑杖을 사용하는 폐 단이 많았다. 그런 까닭에 평범한 옥사에서는 밀고의 방법을 적용하지 않았다.

하지만 이 사건은 실로 평범하지 않았다. 범인으로 짐작가는 이도 없었고, 범행 현장에서 증거도 나오지 않았다. 사건을 목격한 증인도 물론 없었다. 수사본부에서 움직일 근거가 없었던 것이다. 성종 또한 이 사건이 밀고가 아니면 적발이 어려울 것이라 여기고, 도성 안에 사 람들이 다닐 만한 곳곳에 방을 붙였다. 단, 고발자는 살해당한 사람의 집안 계보와 살해의 결정적 원인을 기록하게 했다. 이는 억지로 이유를 끌어대거나 사실이 아닌 것에 얽매이는 데 이르지 않도록 하려는 조치였으며, 추국할 때에도 공평무사公平無私하게 하여 남용되는 일이 없도록 하려는 것이었다.

더구나 무더운 여름철이었기 때문에 고발당한 자가 비록 한 차례의 태형과 장형을 받더라도 상처가 곪아 죽을 수 있었다. 그러므로 성종은 밀고한 일이 확실한 것이 아니면 심문하지 말도록 했으며, 의심스러운 점이 있더라도 진술에 뚜렷한 증거가 없으면 석방하여 내보내도록 했다.

이러한 조치가 있었음에도 범인은 쉽게 잡히지 않았다. 이에 왕은 삼사의 당상들이 사건의 실정을 정확히 파악하지 못했음을 지적하며 다른 관원으로 교체해버렸다. 사건 해결에 대한 성종의 의지가 그만큼 분명했던 것이다. 시체를 유기한 근처의 주민들을 추국하고, 담당 관원을 교체하며, 밀고자를 포상하도록 유도하는 등 범인 색출에 노력했지만 범인 수색은 점점 미궁 속으로 빠져들고 있었다.

정부에서는 수사망을 좁히기로 했다. 시신을 버린 자는 소민小民 집안이 아니라 반드시 사대부 대가일 거라 단정하고, 오부五部로 하여금 종친과 대신들의 집을 기록해 아뢰도록 했다. 한성부에 살고 있는 큰 집들을 탐문해 없어진 여종이 누구인지를 파악할 속셈이었다.

내금위 이화의 여종이
행방불명되다

사건 발생 17일째. 내금위 이화李譁의 여종이 행방불명됐다는 밀고가 들어왔다. 한성부는 즉시 이화의 집을 수색했으며, 집안 노비들을 추국했다. 그 과정에서 이화의 종 내은산內隱山의 입에서 여종 동비同非가 주인에게 맞은 정황이 포착됐다. 그가 뭔가를 알고 있다는 확신을 가진 수사관들이 내쳐서 계속 다그치자 내은산의 입을 통해 사건의 전말이 드러나기 시작했다.

"동비가 우리 주인에게 맞아 5월 15일에 사망했습니다. 죽은 그날 밤에 주인인 이화가 저에게 동비의 시신을 지고 박석현薄石峴에 가서 매장하게 했는데, 비가 많이 오고 밤이 어두워서 갈 수 없었습니다. 그래서 시신을 개천에 버리고자 돈의문이 열리기를 기다렸다가 도성 안으로 들어가 삼간병문三間屛門의 개천에 버렸습니다."

이로써 미궁에 빠지려던 사건은 급진전됐다. 이화는 자신의 범행이 집안 노비에 의해 진술됐기 때문에 즉시 체포되어 의금부에 구금됐다. 추국 과정에서 그는 범행을 부인했지만, 진술이 서로 모순되는 내용이 많았다. 그때 이화의 죄상을 밀고하는 사람이 나타났다. 그는 설성부수雪城副守 철정鐵丁으로 이화의 집 맞은편에 사는 사람이었다.

"신의 집과 죄인 이화의 집은 대문을 마주하고 있습니다. 지난해 8월부터 이화가 서소문 밖으로 이사해서 살고 있으며, 이화의 본가本家에는 녹사錄事 주형朱詗이 임시로 거주하고 있습니다. 이화는 엊그제 감옥에 갇힌 후에 주형에게 사람을 보냈습니다. 그 사람이 와서 말하기를 '만약 일이 발각되어 누가 묻는다면, 동비가 장을 맞고 이 집에 와서 누워 있다가 죽었다고 하라' 는 것이 심히 의심스러웠습니다. 또한 삼사에서 추고할 때 이화의 종 내은산이 '동비는 주인에게 맞아 죽어 삼간병문의 개천에 버렸습니다' 했는데, 그 말이 공사供辭(수사기록)에 기록되지 않았습니다. 신이 묵묵히 있을 수가 없어 감히 와서 아뢰는 것입니다."

이화가 수사관에게 뇌물을 바쳐 증인신문 기록을 삭제해주길 부탁한 것일까. 철정의 고발을 들은 성종은 이화의 본가에 사는 주형을 당장 가두어 추국하도록 했다. 또한 이화의 종 내은산의 공초가 기록되지 않은 이유를 대신들에게 추궁했다.

좌부승지 김극검金克儉과 우부승지 경준慶俊이 아뢰었다.

"신 등도 시신을 삼간병문의 개천에 버렸다는 말을 듣고 우승지 이계남李季男에게 '근본 원인을 기록하지 않았으니 끝까지 추국해야 마땅합니다' 라고 하니, 이계남이 '추국을 관장한 낭청郎廳 안해安諧를 문초해 범죄 사실을 말하게 한 후 이것에 의거해야 할 것이다' 라고 했습니다."

김극검은 또한 자신이 당일 2청에 가 있었는데, 1청에서 '죄인을 잡았다. 이화가 시신을 져다가 삼간병문에 버렸다' 는 말만 들었다고 변명했다. 좌승지 한언韓堰도 아뢰었다.

"신은 그날 1청에 가 있었는데, 이극증李克增과 우현손禹賢孫이 함께 앉아 있고 낭청 안해가 심문하고 있었습니다. 신이 밖에 나갔다가 다시 들어왔을 때 한 남자를 보았는데, 바야흐로 국문을 받고 있었습니다. 신이 '이 사람이 누구인가?' 물어보자 안해가 이화의 종이라며 초사招辭*를 써서 신에게 보여줬을 뿐입니다. 삼간병문 이야기는 듣지 못했습니다."

그러자 성종은 한성부 판윤 이극증과 우현손을 불러 추궁했다. 이극증이 아뢰었다.

"수사관이 '내은산이 시신을 버린 곳을 박석현이라 했다가, 사현沙峴 혹은 아이현阿耳峴이라고 말하는 등 두세 번 말을 바꿉니다' 해서 신이 직접 추국했습니다. 그랬더니 '시신은 아이현에 버린 것이 맞습니다' 라고 했습니다. 그런데 낭청이 곤장 두세 대를 때리니, '삼간병문에 버렸습니다' 라고 말을 바꿨습니다. 안해가 초사를 써서 바쳤는데, 신이 '삼간병문의 말은 왜 기록하지 않았는가?' 물어보자 '확실한 말이 못 됩니다' 라고 했습니다. 신 또한 곤장을 때린 걸 알기에 그냥 두었습니다."

결국 내은산의 진술이 기록되지 않은 것은 심한 고문 끝에 나온 진술이었기 때문에 믿을 수 없다는 것이 이유였다.

조선시대에는 확실한 물증이 없는 한 죄인이 자백하기 전에는 처벌

---

* 공초供招라고도 한다. 조선시대 죄인이 범죄 사실을 진술하던 일.

조선 중종대부터 좌우 포도청捕盜廳이 설치되어 범인의 검거와 취조, 형의 집행, 야간순찰 업무를 보았다. 사진의 건물은 일제 때 헐린 우포도청으로 알려져 서울특별시 유형문화재 제37호로 지정됐으나, 최근 고종 초에 군사 업무를 총괄했던 삼군부三軍府의 청사인 것으로 밝혀졌다. 총무당總武堂은 삼군부 청사 중의 중심 건물이다. 원래 우포도청은 지금의 광화문우체국 자리에 있었고, 좌포도청은 종로3가 피카디리극장 자리에 있었으나 지금은 없어졌다. 조선후기 시장경제가 발달하고 신분질서가 흔들리면서 사회가 어수선해지고, 영조 대에 극성을 부린 전염병의 창궐로 각종 사회범죄, 생계형 범죄가 끊이지 않았다. 당시 포도청 앞마당에서는 연일 죄인들에 대한 취조와 고문이 그치지 않았다.

할 수 없도록 법으로 규정돼 있었다. 그러다보니 자백을 받으려는 관리들이 고문을 일삼았다. 이를 막기 위해 형을 집행하는 도구와 고신(고문) 도구를 엄격하게 분리했는데, 고신 도구로는 유일하게 길이 105센티미터, 굵기 6센티미터의 신장訊杖만을 인정했다. 하지만, 종종 가혹한 고문으로 거짓 자백을 하는 경우가 많았다. 효종대 포도대장 이완李浣이 갈가마귀가 달걀을 낚아채가는 것을 보고 시험 삼아 노비를 잡아다가 주리를 틀었더니, 고문을 이기지 못하고 달걀을 훔쳤다고 거짓 자백한 사례는 대표적인 일화다.

드러나는 범인의 행적
치정 살인의 비극

이제 주인인 이화의 행적을 집안 노비들의 진술을 통해 밝혀나가야 했다. 성종은 사족의 집안일은 이웃보다는 노비들이 알고 있는 게 가장 정확하다고 생각했다. 따라서 이들을 일일이 심문하고 이화를 형신해 사건의 정황을 알아내도록 했다. 아울러 이화가 동비를 간통했는지의 여부도 묻도록 했다.

그러나 이화의 일에 관계된 사람들 태반이 털어놓은 것은 아무것도 없었다. 오직 이임李荏의 계집종 자근者斤과 종 내은산의 진술에서만 사건의 실정이 드러났다. 사실 이들마저도 신문하려고 묶여 있는 이화를 돌아보고 매우 애절한 눈빛을 띠며 머뭇거리다가 차마 곧바로 진술하지 못했다.

이임의 계집종 자근은 "이화가 동비를 투기하여 음문을 베어 살해했다는 말을 그의 집 가노家奴에게서 들었습니다"라고 털어놓았다. 이 진술을 토대로 이화의 계집종에게 물으니, 여종 네 명 모두 "그러한 일이 있었습니다" 하며 사실을 인정했다.

결국 노비들이 집주인 이화가 동비를 간통했다고 진술했으므로 성종은 승지를 보내 이화에게 그 사실 여부를 물었다. 성종은 "숨기지 않고 고하면 마땅히 죄를 감해줄 것이지만 그렇지 않으면 사형에 처할 것이다"라고 다시 한번 으름장을 놓았다. 하지만 이화의 태도엔 변화가 없었다. 그런 후 그는 상소까지 올려 "신이 범한 것이 아닙니다. 만약 그랬다면 주상께서 친히 물어보셨을 때를 당하여 어떻게 감히 숨겼겠습니까?"라며 자신의 죄를 극구 부인하고 변명만 했다. 결국 이화에게는 심한 고문이 가해졌다. 끝까지 버티기로 작정했던 그였지만, 맞아 죽을 것 같으니까 입을 열고 자복하기 시작했다.

이화의 처벌을 둘러싼
왕과 신하의 대결

동비는 갓 스물 정도의 자색姿色이 있는 여자였다. 이화는 그해 3월 동비를 간음한 후 계속해서 첩으로 삼고 있었다. 그러던 어느 날 이화가 동비를 보러 그녀의 방으로 찾아갔다. 평소에는 밖에서 기척을 하면 바로 내다보던 동비가 그날 따라 문은 열지 않고 어수선하게 소리를 내며 움직이는 것이 영 수상쩍었다. 활짝 열고 들어닥치자 방 한가

『형정도첩』에 실린 조선시대 고문의 방법들. 위 왼쪽부터 보면 얼굴을 종이로 덮고 물을 뿜어 숨을 막히게 하는 방법, 발목을 묶은 후 종아리 사이에 막대기를 넣어 교차시켜 고통을 주던 '주리틀기', 무릎 위에 뾰족한 유리 조각 같은 것을 올려놓고 판때기로 덮은 다음 병졸이 올라가서 고통을 주던 '압슬', 바른대로 이실직고할 때까지 여러 차례 매질하는 모습 등이 보인다.

운데 종 내은금內隱金이 어쩔 줄 모르고 서 있었다. 어디 숨을 곳을 찾다가 나가지도 못하고 당황하는 모습이었다. 이화는 "자네가 왜 여기 있는가"라고 묻다가 입을 다물고 말았다. 상황을 깨달은 것이다. 동비는 상전인 이화의 첩으로 있으면서 종 내은금과 정을 통하고 있었던 것이다. 아니, 원래 동비는 내은금과 연인 사이였으나 이화에게 강간을 당해 억지 이별을 했던 터라 만남을 몰래 지속해온 것인지도 모른다. 이화가 방으로 들어가려 하자 동비는 나가달라며 뿌리쳤고, 이에 모욕감을 떨칠 수 없었던 이화는 동비를 끌어내 심하게 매질했다.

어느 정도 사건의 윤곽이 드러나자 대신들은 이화의 처벌을 논의했다. 우부승지 경준은 참형斬刑에 처할 것을 요구했으며, 좌의정 홍응洪應은 이화가 죄를 범했으면서도 바로 아뢰지 않은 것은 죽어 마땅하지만, 실상을 보면 그 죄를 엄폐하려고 했을 뿐이니 정상을 참작해줄 것을 주장했다. 성종은 홍응의 말에 못마땅한 표정을 지었다.

"첩으로 삼아 아끼던 동비가 다른 사람도 아니고 종과 간통했으니, 노여움에 죽일 수도 있다고 생각된다. 이는 인지상정이다. 그러나 사실을 굳이 숨겨서 허물없는 사람에게 폐가 미쳤으니 이를 징계하지 않으면 기강이 어디에 있겠는가? 죽이는 것이 마땅하다."

이화의 죄는 법으로 논한다면 사형에 이르지 않았다. 노비와 주인 간의 명분은 군신관계와 동일해 주인을 때리기만 해도 그 노비는 사형에 처했으며, 주인을 죽였을 경우에는 능지처사에 처했다. 반면 노비에게 죄가 있을 경우 주인은 노비를 때릴 수 있었다. 그러나 가장家長

과 가장의 기친期親 그리고 외조부모 등이 관사에 고하지 않고 노비를 때려죽인 경우는 장 100대에 처했다. 노비가 죄도 없는데 죽이면 장 60대에 도 1년의 형을 받았다.

이화의 경우 관에 고하지 않고 죽였기 때문에 장 100대에 해당했지만, 성종은 과거에 죄를 인정하지 않고 변명하는 상소를 올린 신정申瀞을 사형에 처한 것을 거론하며 거듭 죽여야 한다고 강조했다.

"대저 은혜와 위엄은 임금이 아랫사람을 제어하는 큰 권한인데 이것이 서지 않는다면 나라를 다스릴 수 없다. 전일에 재상 중에서 이화를 살리려고 하는 자가 있었으니, 오늘의 의논에는 참여하지 말게 하는 것이 좋겠다."

이화를 용서해줄 것을 청한 좌의정 홍응을 대신들의 논의 자리에 참석시키지 말라고 한 것이다. 이화의 처벌에 대한 성종의 의지를 볼 수 있다. 왕이 극형을 주장한 이유는 다른 것에 있지 않았다. 당초 의문의 여자 변사체가 개천에 떠돌아다녀 이로 인해 도성의 인심이 너무 어수선해졌다. 더구나 칼로 음문이 파열돼 범행이 잔인하기 이를 데 없었다. 초동수사가 어렵자 개천 인근의 무고한 백성들만 끌려와 형장을 받았고, 마침내 범인으로 지목된 이화는 임금을 속이고 죄를 감추려고만 했다.

성종은 이러한 이화의 행동은 왕을 기만하는 것이라 여겼다. 비록 노비와 주인으로 나뉘어 있지만 왕에게 백성은 본래 귀천貴賤이 없는 하늘이 낸 백성이었다. 그런 까닭에 양반들이 잔인하게 천민天民을 해치는 행위를 용서할 수 없었다.

그러나 대신들은 성종의 처벌에 반대했다. 먼저 안호安瑚 등이 아뢰었다.

"신 등은 정율正律에 따르기를 바랄 뿐입니다. 만약 형을 감하여 장 80대에 이르게 하신다면, 이는 성상의 은덕에서 나온 호생지덕好生之德입니다. 또 법이란 것은 천하가 함께 쓰는 것인데, 이번에만 형을 더한다는 것은 옳지 않다는 점만 말씀드릴 뿐입니다."

장령掌令 권경희權景禧도 아뢰었다.

"이화가 사형을 받은 것은 오로지 왕을 기망欺罔했다는 죄 때문입니다. 일국의 백성들이 그 사실을 알지 못하고 여종을 죽인 까닭으로 사형을 받았다고 할까봐 두렵습니다."

대신들의 의견이 계속 올라오자 성종도 힘에 겨웠다. "원망은 옥사를 일으키는 것보다 큰 것이 없고 정사는 사람을 형벌하는 것보다 큰 것이 없다"며 이 모든 것이 하늘에서 자신을 견책譴責하는 것이라 생각했다.

결국 성종은 '왕은 공의公議의 주인'임을 인정하고 특별히 사형을 감하는 처벌을 내렸다. 아울러 이화의 사건에 연루되어 사실을 자백한 노비들을 국가에 소속시켜 공노비로 삼으라고 전교했다. 혹시 이화에게 보복당할 것을 염두에 둔 조치였다.

풀리지 않는 의문,
호미와 칼의 차이

이로써 개천에 버려진 의문의 여자 살해 사건은 주범 이화가 유배형을 받는 것으로 마무리되었다.

하지만 항간에는 이 의문의 여자 시체가 여종 동비가 아니라는 소문이 한참 떠돌았다. 이 사건을 기록한 실록의 사신은 글의 말미에서 "이화가 성품이 독하고 사나워 동비를 매질한 것이 몹시 참혹했지만 동비는 한쪽 다리가 썩어 떨어져서 죽었다"라고 논평한 것이다. 위에서 보듯 개천의 여자 시신은 두 다리가 멀쩡했다.

더군다나 음문에서 항문까지가 일자로 가지런하게 갈라져 있어 검시관들은 칼로 벤 것으로 결론지었다. 그런데 이화는 신문 과정에서 "호미로 끌어당겨서 음문을 파열했다"고 진술했다. 호미는 칼날이 둔하기 때문에 이를 써서 음문을 파열했다면 상처가 가지런할 수 없었다.

사관은 시신이 물에 뜬 시점과 이화가 마침 계집종 동비를 살해한 시간대가 일치해 고발당했으며, "동비의 시신은 양화도楊花渡에 가라앉았다"고 했다.

그러고 보니 내은산이 시체를 버린 장소를 번복한 점, 이화가 끝까지 범죄를 부인한 점, 대신들이 사형을 감해달라고 주청한 점 등이 모두 여기에 원인이 있지 않을까 의심이 가는 대목이다. 하지만 개천의 시신이 여종 동비가 아닐지라도, 이화가 동비를 해친 것은 엄연한 사실이다. 개천 시체 사건에 동비 사건이 흡수되어 처리된 꼴인 셈이다.

아무튼 사관의 기록은 당시 주인에 의한 종 살해가 얼마나 부지기수로 행해졌는지를 은연중 말해주고 있다.

범죄의 대륙, 그 모습을 드러내다
─조선시대 범죄 관련 기록과 『일성록』

『비변사등록』

조선시대 범죄를 파악할 수 있는 자료로는 어떤 것이 있을까. 『조선왕조실록』이 국문으로 번역된 이후 일반에게도 널리 알려져 당대 범죄 내용 역시 대부분 실록에 의존해왔다. 하지만 조선시대 연대기 자료로는 『일성록』『승정원일기』『비변사등록』 등이 더 있으며 여기엔 범죄 관련 기록이 매우 풍부하다. 또한 범죄자에 관한 사건 처리 내용이나 과정을 기록한 『추안급국안推案及鞫案』『추관지秋官志』『심리록審理錄』

『흠흠신서欽欽新書』『추조결옥록秋曹決獄錄』『포도청등록捕盜廳謄錄』 등이 추가된다.

연대기 자료는 집권 세력의 시각에서 정리되어 그 실체를 객관적이고 명확하게 파악하는 데 한계가 있지만, 기록의 수준이 방대하고 다양해 전반적인 범죄 양상을 살펴볼 수 있는 장점이 있다. 그러나 『조선왕조실록』의 경우 19세기로 내려가면 자료가 이전 시기에 비해 상세하지 않다는 점에서 범죄상을 살펴보는 데 한계가 있다. 수록된 범죄 내용 또한 주로 정치범에 국한되어 있

어 범죄의 실상을 균형 있게 반영하지도 못한
다.

『승정원일기』는 승정원에서 처리한 사건과
행정 사무, 문서 등을 일자별로 기록한 책으로,
실록 편찬의 기본 자료로도 활용되었다. 승정
원이 왕의 비서실인 만큼 왕과 신하들의 독대獨
對 기록이 자세하며, 국왕의 병세 및 왕실의 건
강 상태, 약방이나 의원들의 문진 등에 대해 많
은 분량을 할애했다. 국가의 중대사에 대한 기
록도 방대한 편이다. 반면 왕이 주체가 되지 않

『승정원일기』

았던 의식이나 지방에서 발생한 사건 기록에 대해서는 실록보다 간략한 면이
있다.* 또한 지방의 살인 사건을 보고한 각 도 관찰사의 장계狀啓, 의금부·형
조의 수공안囚供案과 살옥안殺獄案, 상언·격쟁의 계문 기록이 상세하지 않아
조선후기 전체적인 범죄 실태를 파악하기에는 미비한 점이 있다. 이러한 양
상은『비변사등록』도 마찬가지이다.

이런 자료의 한계를 충족시켜주는 사료가 바로『일성록』이다.『일성록』은
1752년(영조 28)부터 1910년까지 국왕의 동정과 국정을 매일 기록한 일기다.
다양한 일들이 종류별로 실려 있는데 이 가운데 주목할 것은 형옥류이다. 형
옥류에는 관원에 대한 가벼운 처벌에서부터 각 도의「방미방수계책자放未放修
啓冊子」, 형조의「살옥안」, 의금부와 포도청의 계사, 전국 사형죄인에 대한 심
리와 국왕의 판결 등이 수록되어 있다. 이는 정조대 이후 국가의 대민 통제와
범죄 양상을 파악하게 해주며, 형옥과 관련된 사항을 자세하게 서술하고 있

---

* 신병주,「승정원일기의 자료적 가치에 관한 연구」,『규장각』24, 13~17쪽, 2001.

『일성록』

는 것으로서 유일하다.[*]

　그 외에 범죄 사실을 수록하고 있는 각 자료의 성격을 살펴보면,『추안급국안』은 1601년(선조 34)부터 1892년(고종 29)까지 변란, 역모, 사학, 당쟁, 괘서 등 주로 정치범과 강상죄인에 관련된 내용을 기록했다. 각 역모 사건의 개요, 추국 과정, 죄인의 공초 등이 상세하게 기록되어 있어 조선후기 정치적 관계와 사건의 전모를 자세히 살펴볼 수 있다. 그렇더라도 이 자료는 주로 정치범에 한정돼, 사회 범죄 안에서 나타나는 일반민의 갈등관계를 파악하기에는 부족한 점이 있다.

　이에 반해『심리록』에는 정조대 일반 형사범 가운데 국왕의 심리를 거쳐야 하는 사형수들에 대한 판결이 수록되었다.『심리록』의 옥안에는 ①죄인이 거주하는 군현명과 성명 ②사건 개요 ③관찰사와 형조의 조사 보고 ④국왕의

---

[*] 한상권, 「정조년간 상언·격쟁에 관한 분석」,『조선후기 사회와 소원제도-상언·격쟁 연구』, 일조각, 1996, 91쪽.

판결[判付]로 이루어져 사건의 발단, 범행 내용, 사망 시기, 검시 결과, 사망 원인 등을 쉽게 알 수 있다.*

『추관지』와 『흠흠신서』의 범죄 기록은 많은 부분 『심리록』과 중복된다. 특히 『흠흠신서』에는 중국의 사례와 함께 정조대의 살인 사건 158건이 제시되었으며, 그 가운데 113건이 『심리록』과 겹친다.

『추조결옥록』은 1822년(순조 22)부터 1893년(고종 30) 사이에 형조에서 처결한 사건을 등록한 책이다.** 수록된 옥안의 내용은 형조가 왕에게 보고하여 처리된 살인·절도·위조 등을 포괄하여 매우 다양하지만, 사건의 내용은 범죄자의 진술이 제외되었기 때문에 간략한 편이다. 사형범죄 외에도 정배된 죄인의 석방, 죄를 추고할 관리의 파견, 관속들의 구타, 정배죄인의 현황, 상언·격쟁 등이 기록되었다.

『포도청등록』에는 주로 순라巡邏를 돌고 난 기록, 통행 위반과 관련한 내용이 수록되었고 잡혀온 죄인들의 공초 내용이 상당한 비중을 차지한다. 1775년(영조 51)부터 1887년(고종 24)까지 강도·절도·위조·사학죄인 등을 기록해 18~19세기 범죄의 특징을 알 수 있다.

위의 자료들은 범죄 기록이 풍부한 장점이 있긴 하지만, 두 가지 한계가 있다. 첫째, 시기가 한 세기에 머물러 있다는 점이다. 『심리록』과 『흠흠신서』 등은 18세기 후반인 영조 말부터 정조대까지이며, 『포도청등록』과 『추조결옥

---

* 『심리록』은 현재 여러 판본이 전해지는데, 규장각에 소장된 필사본 두 가지와 『홍재전서』에 실린 활자본이 있다. 필사본에는 연도별·도별로 편찬하여 사건 내용을 엿볼 수 있도록 했는데, 규장각 소장본 중 하나는 16책으로 연도별로 편찬되어 있으며, 다른 하나는 18책으로 범죄 사건을 지역별로 묶었다. 『홍재전서』의 심리록은 정조 24년의 판결 내용 40건을 담고 있어 필사본보다 내용이 소략하나 필사본에는 없는 내용이라 참조가 된다(심재우).

** 『추조결옥록』은 1년 1책씩 총 72책이 만들어졌는데 현재 남아 있는 것은 43책뿐이며, 표지의 권차卷次로 볼 때 정조 즉위년에 시작해 1893년까지 총 118권 118책으로 만들어진 것으로 보인다(서울대규장각, 『규장각한국본도서해제』, 366쪽, 1993).

록』은 순조대 이후부터인 19세기에 치중되어 있어, 시기의 연속성을 살필 수 없다. 둘째, 『포도청등록』과 『추조결옥록』은 순조대와 헌종·철종대의 범죄를 수록했지만, 왕조별로 누락된 시기가 많아 분석 결과를 일반화하는 데 어려움이 있다.

이에 비해 『일성록』은 정조대에서 고종대까지 국가에서 파악한 범죄를 대부분 기록해 시기별 범죄 실태를 누락된 연도 없이 살펴볼 수 있다. 내용면에서도 범죄가 발생한 지역, 범죄인의 성명, 관찰사와 형조의 조사 보고인 도계道啓와 조계曹啓, 살옥 범죄일 경우 피해자의 상태와 사망 원인[實因], 범죄인의 심리와 판결, 사건의 원인, 피해자와 가해자의 관계 등 범죄 관련 요소들이 기록되어 있어 용이하게 살펴볼 수 있는 장점이 있다. 즉 『일성록』은 18~19세기 범죄 유형과 발생 건수를 계량화하여, 범죄의 시기별 추이와 지역적 특성을 파악하는 데 유용한 자료라 할 수 있다.

많은 장점에도 불구하고 범죄 연구에 있어 『일성록』이 갖는 자료적 한계도 있다. 『일성록』은 1873년(고종 10) 경복궁의 화재로 일부가 소실되어 총 1874책 가운데 26.25퍼센트인 492책이 개수改修되었다. 정조대가 29.8퍼센트로 가장 많이 개수되었으며, 순조대가 19.8퍼센트, 헌종대가 17.6퍼센트, 철종대가 5.5퍼센트였다. 『일성록』의 개수본은 원본을 그대로 베낀 것이 아니라 원본을 취사선택하고 삭제한 부분도 있기 때문에 내용이 소략해졌다. 형옥류에서도 마찬가지로 범죄인과 피해자 간의 관계, 사건의 발생 원인, 전반적인 사건의 개요 등이 기록되어 있지만 다른 자료보다 내용이 간략한 부분이 있다.*

『일성록』은 조선후기 연구자들에게 많이 이용되는 기본 자료임에도 불구

---

* 최승희, 「1873년(고종 10) 일성록의 일부 소실과 개수」, 『규장각』 12, 1989.

하고 범죄 연구에 있어서는 그동안 전혀 활용되지 못했다. 정치적으로 굵직 굵직한 사건 중심으로 조선시대를 이해하는 것을 넘어 일반 백성들의 미시적인 삶과 생활 문화 속에 나타나는 갈등을 제대로 이해하기 위해서는 『일성록』의 기록을 꼼꼼히 살펴볼 필요가 있다.

사건 03

정조는 왜 곡산부사 정약용을
한양으로 불렀나

서울 북부 함봉련 형사 사건

1794년(정조 18) 정월 초하루. 서울에 사는 한량 서재홍徐再興은 한성부 북부로 황급히 걸어가고 있었다. 고발장을 접수시키기 위해서였다. 얼마 전 그의 동생 서필홍徐弼興이 누군가에게 구타당했다가 12일 만에 죽는 사건이 발생했기 때문이다. 서재홍의 소장 내용은 이러했다.

"저희 동생 서필홍은 북한어창계北漢御倉契에 소속된 나졸입니다. 그는 지난달 16일 동네 사람 김이수와 함께 양주에 사는 김말손의 집에 환자還子를 받으러 갔습니다. 하지만 말손의 형편이 어려워 받지 못하자 그의 팔촌인 김상필의 집으로 갔다가 김상필과 그 이웃에 사는 함봉련·김대순 등이 힘을 합해 제 동생을 마구 때렸습니다. 겨우 집으로 돌아왔지만 동생은 피를 토하며 아파하다가 지난달 28일에 사망했습니다. 엎드려 바라건대 한성부에서는 범인을 꼭 밝혀주십시오."

환자를 독촉하던 관원과 지역민이 다투다 살인 사건이 발생한 모양이었다. 서재홍의 소장을 접수한 북부도사 정유순鄭有淳은 죽은 서필홍의 시체를 검험했다. 명치와 왼쪽 늑골이 자암색의 빛을 띠어 검붉었으며, 굳어서 딱딱했다. 코와 입은 피로 막혀 있었으며, 가슴 주변의 상처 둘레는 3촌 7푼이었다. 사망 원인은 구타였다.

몽둥이로 맞아 죽은 상흔은 푸른 경우도 있었지만 대개 검붉거나 검게 부어 있었다. 이럴 경우 검험관은 상처의 크기를 반드시 측정했다. 살인에 쓰인 도구의 종류와 충격의 강도 등을 알아내기 위해서였다. 또한 몇 군데인가도 기록했다. 상처가 많을 경우 한 군데를 지정해 '요해 치명처'로 삼았다. 검험관은 『무원록』의 '몽둥이로 구타당한 조문'에 의거해 서필홍의 사망 원인을 '구타'로, 요해 치명처를 '가슴'으로 기록했다.

북부도사는 구타를 당한 정확한 이유를 알기 위해 사건 당일 서필홍의 행적을 탐문함과 동시에 마을의 우두머리인 이장과 이웃들을 심문했다. 또한 고소장에 기재된 사건 관련인 함봉련, 김이수, 김대순, 김상필 등을 잡아와 추문했다.

죽은 서필홍은 평창平倉의 나졸이었다. 평창은 서울 도성과 북한산성을 잇는 탕춘대성 안의 국가 창고였다. 숙종 때 성내에 연무장인 연융대鍊戎臺와 함께 비상시에 군량 창고의 역할을 할 수 있는 상·하 평창을 설치했다. 당시 목격자들은 12월 17일 서필홍이 북한산성의 환자곡을 독촉하러 경기도 양주 의정리議政里에 갔다고 증언했다.

환곡은 국가가 춘궁기에 대여했다가 가을에 이자를 붙여 회수하던 국가 비축 곡물이다. 빈한한 농민을 구제하고 농업의 재생산을 보장하기 위한 방편으로 마련된 제도이지만, 17~18세기 환곡의 이자가 국가 세입의 일부를 이루게 되자 점점 확산되어갔다. 그리하여 18세기

북한산 자락에 위치한 탕춘대성의 모습. 헐벗은 조선의 임야가 적나라하게 드러나 있다. 18세기 후반에 접어들면서 조선의 국토는 점점 메말라갔다. 가뭄이 계속되는가 하면 홍수가 밀어닥쳐서 살기가 힘들었다. 양반들의 어린 자식도 굶주려서 죽을 정도였으니, 일반 서민들은 그 고통이 얼마나 극심했을까. 환곡을 갚지 않는다고 소를 끌고 가는 관원에게 분노를 느끼는 것은 당연한 일이었다. 조선후기에는 이와 같이 관원과 백성들이 고성을 지르며 다투는 모습이 심심치 않게 연출되었고, 개중에 살인 사건으로 연결되는 경우도 간혹 있었다.

말엽에는 환곡이 여러 관청에 의해 다양하게 운영되면서 중앙과 지방의 경비를 적지 않게 보조하게 됐다. 이후 환곡은 점차 부세賦稅의 성격을 지녀 "국가 재정의 절반은 부세에 의존하고, 나머지 절반은 환곡에 의존하고 있다"는 소리가 나올 정도로 구빈·구휼보다는 세입에 치중하는 병폐를 보였다. "환곡이 부렴賦斂이지 어찌 진대賑貸라 할 수 있으며, 늑탈勒奪이지 어찌 부세라 할 수 있는가"라고 통탄할 정도였다.

나졸 서필홍은 의정리에 사는 김말손이 봄에 환곡을 대여해갔다가 가을에 갚지 않자 이를 독촉하기 위해 그의 팔촌의 집에 가서 멋대로 송아지를 빼앗아갔다. 부세를 갚아야 할 의무자가 이를 거부하자 그 의무를 친척에게서 연좌하는 이른바 족징族徵을 한 것이다.

김말손은 김상필의 팔촌 큰아버지였다. 지난해 12월 김말손이 여러 친족을 모아놓고 도움을 요청했다. 여기 모인 사람이 각각 2두의 쌀을 각출하면 갚아야 할 환자를 미봉할 수 있다고 했다. 급한 불을 끄자는 말에 김상필과 친족들은 쌀 2두씩을 내어 북한산성에 비납한 바 있었다. 그런데 16일 저녁 북한차사北漢差使인 서필홍이 또 찾아온 것이다. 그는 다짜고짜 김말손에게 받을 환자가 더 있다고 하면서 김상필의 집에 매여 있는 소를 끌고 갔다. 얼결에 소를 빼앗긴 김상필은 황급히 2냥 5전을 얻어 쫓아갔지만 찾을 수 없었다. 그는 혼자 힘으로 어떻게 해야 하는지 몰라 집 뒤에서 계모임을 하고 있던 함봉련과 동네 사람 김대순을 찾아가서 하소연했다.

"북한산성의 차사 서필홍과 동료 김이수가 팔촌 김말손이 환자를 납부하지 않았다며 우리 집 소를 빼앗아갔으니 힘을 합쳐 찾아오자."

김대순, 함봉련 등은 김상필과 함께 소를 끌고 가는 관원을 보지 못했냐고 물어물어 민가에서 쉬고 있는 일행을 찾아냈다. 서필홍은 변소에 가고 없었고 김이수가 마루에 걸터앉아 쉬고 있었다. 김상필이 "저, 저놈이다"라며 손가락으로 가리키자 김대순이 달려가서 김이수와 서로 붙잡고 싸우기 시작했다.

김상필은 뒤뜰에 매여놓은 소를 찾아내 끌고 왔다. 뺏기지 않으려고 고삐를 꽉 부여잡은 그의 입가에는 숨차게 뛰어다닌 증거인 것처럼 침버캐가 잔뜩 끼어 있었다. 이때 밖이 소란스러움을 알고 나온 서필홍이 싸움장에 돌입해 꾸짖으며 소를 다시 빼앗아가려 하자, 김상필이 발로 서필홍의 가슴을 냅다 질러버렸다. 달려가다가 발에 차인 서필홍이 캑 소리를 내며 고꾸라졌다. 김상필은 준비해간 나무 몽둥이로 일어서려는 서필홍의 왼쪽 옆구리를 때렸다. 함봉련은 숨을 못 쉬며 자신에게 기울어지는 서필홍의 등을 떼밀었으며, 넘어지자 계속해서 허리와 늑골을 짓이겼다. 그런 후 김상필, 김대순, 함봉련 세 사람은 서필홍을 소고삐로 결박해 장차 관에 고하고자 했는데, 동네 사람의 만류로 그만두었다.

집단 구타로 인한 사망에서
주범 찾기의 어려움

나졸 서필홍은 가혹한 족징에 분노한 동네 사람들에게 집단 구타를 당한 후 곧 일어나 평창으로 돌아갔으나 두어 되의 피를 토해내고 12

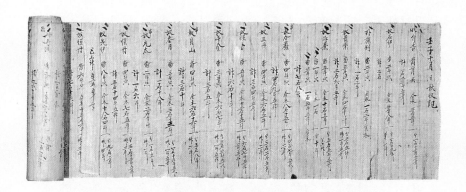

조선후기 농촌의 추수 기록. 조선후기에는 이앙법 등 적지 않은 농업기술의 발전이 이뤄졌다. 아울러 자연재해에 따른 흉작과 조세 부담에 시달린 농민들에게 대용식품이 될 외래 작물도 도입되었다. 이 시기 농민들은 절기마다 필요한 농사일에 힘썼으며, 오랜 경험으로 현실의 농업 사정에 밝았다. 노련한 농민은 농업 생산의 지휘자였다. 이 시기에 저술된 양반들의 농업관계 저술은 이런 농민들의 경험과 노하우를 철저히 취재한 다음에야 씌어질 수 있었다. 세금 관련 문서들에도 생산을 담당한 당시 농민들의 삶의 모습이 고스란히 녹아 있다.

일 만에 사망했다. 또한 죽기 직전 아내에게 "나를 죽인 자는 김상필이니 너는 복수하라"고 말하고 나서 숨이 끊어졌다고 했다. 서필홍의 사망 원인은 이장 및 이웃들의 진술에 따라 구타 치사임이 확실했다.

여러 사람이 함께 사람을 때린 경우, 누구의 손에 죽었는가를 확정하기가 가장 어렵다. 만약 시체의 몸에 두 군데의 상흔이 있는데 모두 생명과 관련된 상처이고 두 상흔이 한 사람의 손찌검에 의한 것이 아니라면, 한 사람은 사형에 처해야 하고 한 사람은 그러하지 못할 것이니 반드시 가장 중요한 상처를 헤아려 사망의 원인을 삼아야 했다.

사건 현장이 어느 정도 수습되고, 검시 결과가 나오자 사건 관련자들의 추문이 시작됐다. 피고인 김상필이 먼저 아뢰었다.

"저와 함봉련·김대순 등이 일제히 달려와 드디어 혹수유리黑水踰里 박복겸朴福謙이라는 자의 집 앞에 이르니, 소는 박복겸의 우리에 묶여 있었고 김이수와 서필홍이 쉬고 있었습니다. 김이수를 본 함봉련이 돌입하여 때리니 그놈이 '사실을 묻지도 않고 어찌 이처럼 사람을 먼저 때리는가?' 하므로 봉련이 그 사람을 두고 죽은 서필홍에게 돌입해 먼저 뺨을 때리고 땅에 엎어뜨려 어깨와 옆구리를 때리고 그가 차고 있는 밧줄로 묶었습니다. 이와 같이 함봉련이 구타할 때 김대순은 김이수의 뺨을 때리고 있었고, 저는 소를 풀어 먼저 돌아갔습니다."

동네 사람 김대순도 아뢰었다.

"저와 마을의 여러 사람은 사계射契를 만들어 지난 12월 17일 계 모임을 하기 위해 사정射亭에 모였습니다. 그때 김상필이 와서 다급하게 소를 찾아오자고 했습니다. 박가의 집 앞에 이르니 서필홍과 김이수가 과연 소를 묶어두고 있었습니다. 김상필이 서필홍과 소를 가지고 말싸움을 하자 함봉련이 돌입하여 먼저 그의 뺨을 때렸으며, 주먹으로 서필홍의 허리를 질러 땅 위에 엎어뜨렸습니다. 그런 후 몽둥이를 잡아 허리를 쳤습니다.″

서로 말이 약간씩 달랐지만 두 사람 모두 함봉련이 먼저 죽은 서필홍의 뺨을 때리고 어깨와 옆구리를 가격했다고 동일하게 진술했다. 하지만 함봉련은 김상필이 먼저 차사와 싸웠으며, 자기는 옆에서 도운 것이라고 극구 부인했다.

서필홍의 아내가 남편이 죽으면서 김상필에게 복수할 것을 유언으로 남겼지만, 이장 및 세겨린三切隣*도 모두 '함봉련이 떼밀어 죽였다'고 진술했다. 현장 증언이 이러했기에 북부도사는 주범을 함봉련, 목격한 증인을 김상필로 검안에 기록했다.

한성부에서 재검을 실시했지만 결과는 초검과 같았다. 복검관은 한성부 주부主簿 홍주구洪疇九였다. 그는 사망 원인과 증인들의 진술이 초검 때와 같다고 의견을 제출했다. 초검과 복검의 결과가 동일하게 나오자, 형조의 세 당상관은 해당 낭관 및 두 검시관과 함께 회동해 죄인을 신문하는 회추會推를 실시했다. 형조는 회추를 통해 옥사의 내용에 문제점이 없으면 즉시 왕에게 보고했지만, 의심스러운 단서가 있으면 다시 조사했다.

---

* 범죄자와 이웃하여 사는 세 사람. 즉 가까운 이웃.

함봉련의 경우 회추에서도 주범으로 인정돼 형조는 사형에 처할 것을 요청했고 정승과 승정원에서도 모두 같은 의견이었다. 정조는 함봉련에게 엄히 형신을 가해 사전의 전말을 자백받으라고 형조에게 하명했지만, 함봉련은 옆에서 구경만 했다면서 끝내 실토하지 않았다.

함봉련의 자백을 받기 위한 형조의 형신은 계속되었다. 한 번 주리를 틀면 사람이 녹초가 되기 때문에 회복되길 기다려야 했고, 왕이 어찌되었냐고 물어보면 다시 고문을 가하는 일들이 반복되었다. 결국 서필흥이 죽은 지 3년이 지나서야 함봉련은 자신의 범행을 실토했다. 하지만 보고를 받은 정조는 이를 받아들이지 않았다.

"승복한 공초가 매우 분명하지 않으니 이것을 가지고 곧바로 죄를 결정할 수 없다. 그러니 후일 좌기坐起*할 때 다시 엄중히 심문한 뒤 격식을 갖춰 공초를 봉입하라."

얼마 후 함봉련은 다시 자신의 진술을 번복하며 범행을 인정하지 않았다. 서필흥을 구타한 것은 김상필이며 자신은 손찌검을 하지 않았다는 원래의 주장으로 돌아갔다. 그러자 정조는 하교를 내렸다.

"자백하다가 또 거부하니 정상이 통악하다. 각별히 엄히 형신을 가하라."

그후 함봉련 사건은 다시 3년이라는 시간을 흘려보냈다. 이처럼 함

---

* 관아의 으뜸 벼슬에 있던 이가 출근하여 일을 시작함.

봉련의 옥사가 해결되지 않은 까닭은 조선시대의 경우 아무리 증거가 확보됐다 해도 범인의 자백을 받지 않으면 처벌할 수 없었기 때문이다. 이에 정조는 계속해서 자백받을 것을 요구했고 형조는 이를 위해 회유와 강압을 통해 함봉련을 심문했다.

함봉련 옥사가 지체되는 또 하나의 이유는 정조에게 있었다. 정치의 보조 역할을 한 형정刑政은 곧 민의 생명과 관련이 있는 사항이었으므로 정조는 이를 민은民隱*을 해결하는 한 방법이라고 믿고 있었다. 따라서 그는 재위 기간 내내 형벌을 줄이기 위해 『흠휼전칙』을 반포해 형구刑具를 바로잡고 가혹한 형벌을 방지하고자 했으며, 옥송을 신중히 처리하고자 했다. 특히 정조는 이 함봉련 사건을 서울 죄수의 옥안 중에서도 가장 의심스런 것으로 여겼다. 그는 당시 함봉련과 여러 '김씨'가 함께 행동했는데도 불구하고 그들은 한 사람도 범행하지 않았다 하고, 함께 도우러 간 함봉련 혼자 날뛰면서 서필흥을 구타했다는 것이 상식적으로 이해되지 않았다. 아니, 심히 의심스러웠다. 또한 함봉련이 정범일지라도 그가 구타한 곳은 뺨이고 발로 찬 곳은 허리인데, 뺨을 맞아서는 죽지 않았으나 허리를 차여서는 죽었다면 어찌 검안에 '발에 차인 것'이라고 기록하지 않았을까 의문을 품었다.

정조는 함봉련이 계속해서 범행을 부인할 뿐 아니라 자신도 이 사건에 대해 의문점이 많았기 때문에 쉽게 처벌할 수 없었다. 더욱이 함봉련 사건의 경우는 여러 명이 합세해 한 사람을 구타·사망하게 한 것이기 때문에 자칫 정범이 바뀔 확률도 배제할 수 없었다. 정조는 여러

---

* 백성이 악정에 시달려 생활하는 데 겪던 고통.

대신에게 의논을 한 가지로 결정해 올리도록 했을 뿐 아니라, 함봉련을 계속해서 심문하여 자백을 받으라고 명령했다.

우의정 이병모李秉模는 "상처가 분명하게 있고, 증언과 공초도 의심스러운 점이 없습니다. 신 등은 옥사가 오래되자 간사한 마음이 생겨 공초를 바꾸고 사실을 부정하는 것이라고 생각합니다" 하면서 함봉련이 정범임을 재차 강조했다.

곡산에 있는 정약용·
한양으로 호출되다

1799년(정조 23) 4월 외방 수령으로 있던 곡산부사 정약용은 정조의 부름을 받고 급히 조정으로 복귀했다. 그는 도성 안으로 들어오기 전에 임금의 특명으로 형조참의에 임명되어 전국의 형사 사건을 심리하라는 명을 받았다. 그 중에는 확정 판결된 사건도 있었고 의문 속에 파묻힌 사건들도 있었다. 정조는 정약용에게 서류를 내밀면서 말했다.

"함봉련 사건에 의문점이 있다. 독촉을 받은 것은 김말손의 환곡 족징이며, 빼앗긴 것은 김상필의 농우農牛이다. 구타당한 뒤에 걸어서 30리나 멀리 갔고 집에 돌아온 뒤에는 12일이나 되도록 버텼으니 비록 기간이 고한辜限* 이내이기는 하나 꼭 죽을 기간과는 차이가 있을뿐더러 함께 구

* 구타당해 죽었을 때 살인으로 인정되는 기한을 말함. 가령 맞은 것은 다 나았으나 고한 내에 병사한 경우 문제가 복잡해진다.

타한 여러 김가들은 권외로 도망갔는데 응원한 함봉련은 사지에 빠져 있으니 옥사의 대체를 살피건대 헤아려봄이 합당하다. 그러나 먼저 범행을 하고 세게 때린 행위가 모두 함봉련의 짓으로 귀결되었는데, 별도의 새로운 의문을 따지지 않고서 어찌 경솔히 구안을 바꿀 수 있겠는가. 경이 자세히 심리해 회계하라."

형조 안의 관리들은 모두 "사건이 이미 6년이 지났고 확정 판결이 됐으니 자세히 심리해도 이익이 없습니다"라고 말렸지만, 정약용은 함봉련의 초검·재검 사건 기록을 가져다가 살펴보기 시작했다.

원래 형사 사건을 판결할 때는 세 가지 근거가 있어야 했다. 첫째는 유족의 진술이며, 둘째는 시체 검험서의 증거, 셋째는 공변된 증언이었다. 세 가지가 서로 맞아야만 그 사건에 의문이 없고, 서로 어긋나면 그 사건은 구명되지 않았다.

먼저 서필홍 아내의 증언을 보면 서필홍이 사건 당일 문에 들어서며 원망하고, 나중에 피를 토해내며 아내에게 원수를 갚으라고 지목한 자는 김상필이었다. 정약용은 김상필이 이 사건의 주요 열쇠임을 직감했다. 서필홍이 환곡을 독촉하러 간 것은 김말손의 곡식 때문이었지만 빼앗은 것은 그의 팔촌인 김상필의 송아지였다.

양주 의정리는 김상필이 옛날부터 대대로 굳게 뿌리를 내려 사는 곳이었고, 이웃은 그가 호령할 수 있는 자들이었다. 또한 당시 함봉련은 돈이 없어 김상필 일가에 들어와 머슴을 살고 있던 터였다. 김상필은 강자였고, 함봉련은 약자였다.

정약용은 서류를 덮고 나서 "이 사건은 애초에 김상필에게 충분히 뜻을 두고 조사해야 했거늘 이리는 놓아두고 여우를 신문하는 꼴이었다"며 자책했다.

다음으로 정약용은 시체 검험서를 주목했다. 주범을 바꾸는 법은 전부 구타한 흔적에 달려 있었다. 서필흥의 가슴을 짓찧은 것은 김상필의 무릎이었고, 등을 떠민 것은 함봉련의 손바닥이었다. 이와 달리 초검관과 복검관은 서필흥이 가슴을 구타당해 죽은 것으로 기록했다. 정약용은 무릎이 닿은 곳은 곧 가슴일 것이고, 손바닥이 닿은 곳은 등일 것으로 여겼다. 등에는 사망 원인이 될 만한 명백한 흔적이 하나도 없었으나 가슴은 3촌 크기의 검붉은 상처가 있었다. 즉 다친 상처를 판단해 범행을 찾으면 김상필이 주범이었다.

'짓찧음을 당했다'와
'떼밀렸다'의 차이

만약 함봉련이 주범이 되려면 '짓찧음을 당했다'가 아니라 당연히 '떼밀렸다'고 했어야 옳다. 이웃 사람들의 진술에서는 이 두 가지가 섞여 "함봉련이 등을 떼밀어 죽였다"고 되어 있었다. 밀려 넘어지다가 땅에 있는 돌부리나 날카로운 기물에 찍힐 가능성은 희박했고, 상처의 멍은 부딪히면서 난 자국이 아니었다. 이러한 정황을 보면 죄는 마땅히 김상필에게 돌아가야 했다.

마지막으로 증언한 사람도 문제였다. 증언이란 주관적이거나 한쪽으로 치우치지 않고 공평해야만 비로소 그 효력을 발휘할 수 있는 것

다산 정약용 초상. 그는 조선조 최고의 과학 수사관이었다.

이다. 따라서 유족과 용의자는 사건에 대해 증언할 수 없었다. 유족은 가해자에게 불리한 증언을 해 원수를 갚고자 하기 때문이며, 용의자는 자신에게 유리하게 하여 죄를 면하려 하기 때문이다. 따라서 이웃들을 증인으로 삼는 것은 유족이나 범인보다 객관적일 수 있었다.

반면 이 형사 사건의 경우, 검험관들은 김상필을 목격 증인으로 삼았다. 김상필은 이 엉성한 수사에서 자기가 자기 죄를 증언했고 함봉련에게 죄를 뒤집어씌우기 위해서 불리하게 상황을 조작했다. 하물며 이웃으로 현장에 대한 증언을 했던 이들은 김상필의 일가친척 아닌 사람이 없었다.

정약용은 함봉련 사건의 경우 유족의 고발장, 시체 검험서, 관련 증인의 증언 등이 모두 소홀하다고 판단했다. 따라서 김상필 등 여러 사람을 붙잡아다 심문하기를 초검과 같이 한 다음에야 비로소 명확히 사건을 해결할 수 있을 것이라고 보았다. 하지만 이 사건의 경우는 거의 7년이 다 돼가는 경우라서 그때의 이웃들이 아직도 살아 있는지를 확인할 수 없었으므로 경기감영에 조사해 장계로 아뢰도록 청했다. 정약용에 의해 형조의 처결이 뒤집혀 다시 원점에서 사건 조사가 시작된 것이다.

정조는 정약용의 의견을 따라 함봉련을 데리고 나와 목에 씌운 칼을 풀고 옷갓을 내려주었으며 형조에서 즉시 석방했다. 아울러 함봉련에 관한 원래의 사건 기록을 모두 태워 없애버렸다. 김상필은 얼마 후 경기감영에서 붙잡아왔다. 정조는 그를 사형에서 한 등급 줄여 정배형에 처했다.

정약용은 사건을 신중히 처리하고 처벌받는 자를 불쌍히 여기는 정

조의 신조를 본받았다. 초검 · 재검 기록을 가져다가 그 원인을 조사 ·
고찰한 것은 형사 사건에 있어서 '신중하고 신중하라(欽欽)'라는 정조
와 정약용의 형법철학을 그대로 실천한 것이었다.

독을 먹인 자는
적녀인가 첩자인가

사건 04

13년 만에 밝혀진
윤백원 독살 사건의 진상

율무죽과 쇠고기를 먹던
종친 윤백원의 의문의 죽음

1592년(선조 22) 서울 서부. 왕실 족친인 윤백원尹百源이 율무죽과 삶은 쇠고기를 먹다가 즉사하는 사건이 발생했다. 윤백원의 가족들은 곧장 한성부로 달려가 사망의 원인을 밝혀달라는 소장을 제출했다. 한성부에서는 즉시 서부참봉 유영충柳永忠과 참군 이뇌李賚를 검험관으로 삼고 현장 검증에 나섰다.

검험관 유영충과 이뇌는 검시를 하기 전에 죽은 윤백원의 병환 여부와 원한관계, 평소의 행동, 즉사하기 전의 상황 등을 가족들에게 물었다. 이때 정실 자식인 딸 개미치介未致는 쇠고기에 독이 있어 아버지가 죽었다고 주장했으며, 첩의 아들인 윤덕경尹德徹은 율무죽에 독이 있어 죽었다고 진술했다. 적녀와 첩자 모두 독살이라고 주장했으나 독이 든 음식은 율무죽과 쇠고기로 차이가 있었다.

가족들의 증언에 따라 검험관들은 독살일 가능성을 염두에 두고 무

원록』에 의거해 시신을 조사했다. 『무원록』에는 독살된 시체의 상태와
검험 방법을 다음과 같이 서술하고 있다.

『무원록』의 '독을 먹고 죽은 경우'[毒藥死]

시신은 입술이 찢어지고 혀가 문드러지며, 입 안이 검붉거나 검고 손톱이 푸르다.
독을 먹고 죽은 경우 검험할 때 은비녀를 사용하는데, 조각수*로 씻어낸 후 죽은
사람의 입 안과 목구멍에 집어넣고 종이로 밀봉했다가 한참 지나 꺼내보아 청흑색
이 됐으면 다시 조각수로 씻어내는데, 색깔이 지워지지 않으면 바로 독사毒死다.
만약 독의 기운이 없다면 은비녀의 색깔이 선명한 흰색으로 돌아온다.
또 흰밥 한 덩이를 죽은 사람의 입 안 목구멍 속에 집어넣고 종이로 덮어 한두 시간
이 지난 후 밥을 꺼내 닭을 주어 먹이는데 닭 또한 죽으면 바로 독에 의해 죽은 것
이다. 스스로 독을 먹거나 중독된 경우 생전에 음식물을 먹어 독기가 내려와 창자
안에 들어가면 검시해도 증거가 나타나지 않을 것이니 곧 곡도穀道(항문) 안을 시
험해보아야 그 색이 바로 나타날 것이다.

　　검험관들은 시체 검시를 전담하는 오작인仵作人**을 시켜 조각수로
은비녀를 씻게 했다. 그리고 윤백원의 입 안과 목구멍에 집어넣고 종
이로 밀봉했다가 얼마의 시간이 흐른 후에 꺼내보았다. 하지만 은비녀
의 색깔에 별 변화가 없어 독살의 뚜렷한 흔적을 찾을 수 없었다.
　　일이 이렇다보니 검험관들은 정확한 사인을 파악하지 못해 검안檢案
에 반드시 들어가야 하는 사망 원인을 기록할 수 없었다. 상부 담당 기
관인 형조의 계속되는 독촉을 받자 검험관들은 '비상치사非常致死'라고

* 쥐엄나무를 끓여서 우려낸 물.
** 지방 관아에 딸려 수령이 검시할 때 시체를 주워 맞추는 일을 하던 하인.

기재해 올렸다. 이는 말 그대로 '예사롭지 않게 죽었다'는 것으로 구체적인 사망 원인을 밝히지 않은 지극히 애매한 판단이었다. 더구나 '비상치사'는『무원록』에도 나오지 않는 말이었다.

윤백원의 죽음
독살로 규정되다

사간원은『무원록』의 규정에 위배되는 말로 사망 원인을 기록해 옥사를 분명하게 밝히지 않은 초검관 이뇌와 유영충을 즉각 파직시킬 것을 왕에게 주청하고 재검을 실시했다.

증인들의 진술에 의하면 사건 당일 윤백원은 혼자 있었던 것이 아니었다. 그는 자기 집에 찾아온 손님 덕성감德城監과 함께 사랑방에서 담소를 나누고 있었다.

이때 딸의 집에서는 율무죽을 보내오고, 첩의 집에서는 쇠고기를 보내와서 함께 먹었는데, 윤백원은 즉사하고 덕성감은 두어 숟갈밖에 먹지 않았는데도 심한 구토로 인사불성이 됐다가 며칠 만에 겨우 소생했던 것이다.

사건의 정황상 독살이 확실했다. 의금부도사 우도전禹道傳과 형조좌랑은 검시 결과와 사건 당일의 정황을 토대로 '인독치사因毒致死'로 사건을 최종 규정했다.

사인이 밝혀지자 형조의 움직임이 바빠졌다. 형조는 사건에 연루된 사람들을 연행한 뒤에 왕에게 아뢰었다.

"윤백원은 독살이 분명한데, 아마도 독을 넣은 사람은 한 집안사람일 것입니다. 이는 곧 강상綱常에 관계되는 큰 옥사입니다. 그러니 의금부로 옮겨 추국하도록 하십시오."

조선시대 삼강오륜은 신분과 지위를 초월하여 모든 백성에게 적용되는 보편윤리로 국가 · 사회 · 가족관계 전반을 함축적으로 규정했다. 따라서 삼강오륜을 거스르는 행위는 강상죄라 하여 일반 범죄 이상의 특별한 의미를 부여해 처벌됐다. 강상을 범한 죄인은 사형됐고, 처와 자식들은 노비가 됐다. 심지어 죄인의 집을 부수고 그 자리에 연못을 만들기도 했다.

윤백원의 딸
윤개미치는 누구인가

형조에서는 우선 윤백원의 원한관계를 조사했다. 하지만 그는 집안의 노비들이나 이웃에게도 원한 살 만한 일을 하지 않았다. 다만 한 가지, 그의 딸 개미치와의 관계가 심상치 않았다. 윤백원은 공주公主의 딸을 아내로 맞이하여 딸 개미치를 낳았다. 이후 여종 복이를 첩실로 맞아 윤덕공, 윤덕경 등의 아들을 두고 있었다. 첩의 자식은 여럿이지만, 정실 자식은 오직 개미치뿐이었다. 그런 그가 개미치와의 관계가 소원했던 것이다. 무슨 이유 때문이었을까.

윤백원은 조강지처였던 공주가 죽자 첩과 함께 그녀의 모든 재산을

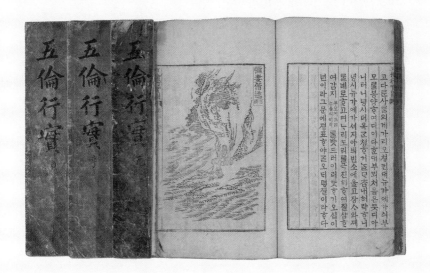

『오륜행실도』(이병모 편, 1797)와 『열녀도』(오른쪽).

『오륜행실도』는 백성 교화 차원에서 유교의 기본 윤리 덕목을 보급하기 위해 1797년(정조 21)에
왕명으로 『삼강행실도』와 『이륜행실도』를 합쳐 수정 편찬한 책이다. 부자, 군신, 부부, 장유, 붕우
등 오륜의 모범이 된 150인의 행적을 추려 적고, 그 옆에 당시 도화서를 중심으로 유행하던 김홍
도 화풍의 판화를 덧붙였다. 윤백원이 딸인 개미치가 불효하다고 관아에 고발한 것도 이러한 사회
적인 제도가 갖춰져 있었기 때문에 가능했다.

독차지하고는 딸에게 주지 않았다. 원칙적으로 조선시대에는 처가 사망하면 처의 유산은 자녀가 상속하고 아버지에게는 관리권만 있었다. 따라서 아버지가 필요에 따라 생존 중에 자식에게 나눠줄 수도 있고 사망이 임박한 경우에 분배할 수도 있었다.

하지만 후처나 첩이 가질 수는 없었다. 죽은 처가 자신에게서 낳은 자식이 없을 경우에는 처의 혈족, 즉 처의 형제·자매·사촌 등에게 유산이 돌아가는 것이 원칙이었다.

그렇기 때문에 죽은 어머니의 재산은 모두 개미치가 상속받을 수 있었다. 개미치가 성장하자 그녀는 어머니의 재산을 차지하려 했으며, 이는 부녀간 유산 싸움으로 격화됐다. 윤백원은 '딸 개미치가 아비에게 효도하지 않는다'고 소장을 올리기까지 했다.

개미치 또한 행실이 좋지 않았다. 그녀는 과부가 된 후 자기 집 종 덕수와 간통한다는 추문이 돌아 집안의 화근이었다. 당시 사대부의 아녀자가 종과 간통을 할 경우 그 죄는 '종이 주인의 처를 간통한 율'에 해당해 둘 다 목이 베이는 참형斬刑에 처해졌다. 이는 집안 망신이기도 했으므로 윤백원은 딸에게 수차례 훈계도 했지만 소용이 없었다.

윤백원은 최종적인 수단으로 대사헌 이헌국李憲國에게 서신을 보내 간통한 종 덕수를 가둬 치죄하고자 했다. 개미치가 이 사실을 듣고 아버지에게 풀어주기를 애걸했으나 일이 제대로 되지 않자, 결국에는 사이가 더욱 나빠져 부녀간에 서로 원수같이 여기며 의절하고 왕래도 하지 않게 됐다.

심지어 윤백원은 집안 대소사가 있을 때 딸의 집에서 보내온 음식은 의심하며 손도 대지 않을 정도였다.

분재기分財記, 1738년(영조 14), 32.3×15.5cm

1738년 7월 만룡萬龍이란 사람이 자녀들에게 재산을 분배하기 위해 작성한 기록이다. '자손에게 남기는 유서[子孫處遺書]'라는 제목으로 볼 때 죽음을 앞둔 시기에 작성한 것으로 보인다. 말미에 서명이 있고(위), 뒷면에는 분배하는 전답과 노비의 목록을 적고 있다(아래). 이 유서에는 성리학이 사회적으로 보편화한 18세기 중반 당시 가계를 잇는 장자에게 유리한 재산상속을 당연시하는 내용들이 곳곳에 보인다. 이 분재기가 없을 경우 종종 자손 간 재산 다툼이 벌어지곤 한다.

의정부, 사헌부, 의금부의
합동수사가 펼쳐지다

의금부는 윤백원의 죽음을 가족에 의한 독살로 규정하고 삼성추국할 것을 왕에게 청했다. 삼성추국이란 삼강오륜을 거스른 대역죄인을 의정부·사헌부·의금부의 관원이 합석해 심문하는 것을 말한다.

먼저 음식을 갖다준 당사자인 윤백원의 첩과 노비가 추국장으로 끌려왔다. 이어 적녀인 윤개미치도 끌려왔다. 그런데 개미치의 진술에 앞뒤가 맞지 않은 부분이 많아 추국을 맡은 담당관이 왕에게 형추刑推할 것을 주청했다. 그러나 선조는 "진술이 일치되기 전에 지레 형추하는 것은 온당하지 못한 듯하다. 이는 막대한 사건이니, 내일 종2품 이상이 빈청賓廳에 모여 의논한 후 아뢰도록 하라"고 명했다.

대신들의 의견은 첨예하게 대립했다. 일부는 개미치가 평소 아버지에게 불효한 점을 들어 충분히 음식에 독을 넣었을 것으로 여겼다. 따라서 당연히 형문刑問을 가해야 한다고 주장했다. 반면 다른 일부는 사건의 정황, 증인들의 진술 등이 일치하지 않기 때문에 섣불리 형문할 수 없다며 이를 제지했다. 선조가 지시했다.

"예부터 이 같은 옥사는 없었다. 부모나 임금을 죽인 시역弑逆은 천하의 공통된 가장 큰 죄다. 그런데 어찌 '의심스럽다'는 말 때문에 바로 형문을 가할 수 있는가. 만약 후세에 적계嫡系를 없애려고 죄를 전가시켜 적계 아무개가 나의 아버지를 살해하고 아무개가 나의 형을 죽였다고 한다면, 그 말을 그대로 믿고 즉시 죄에 처할 수 있겠는가. 지금 조정 대신의 논의가 일치되지 않고 있으니 다시 조사하도록 하라."

옥사가 일어난 지 두 달하고 사흘째 윤개미치에 대한 형추가 실시됐다. 연약한 여자의 몸으로 세 차례 연이어 고문을 받은 개미치는 그만 추국장에서 사망하고 말았다. 마찬가지로 윤백원의 첩 복이 또한 심문을 견디지 못하고 죽었다.

결과적으로 용의자로 지목됐던 딸 개미치와 첩 복이가 모두 심문을 받던 중에 장독을 이기지 못하고 사망하고 말았다. 이에 따라 사건은 정확한 사실 여부를 확인하지 못한 채 개미치에 의해 윤백원이 독살된 것으로 마무리됐다. 실록의 사관은 다음과 같이 기록했다.

"윤씨 일가의 변은 그 사실 여부를 분명히 알 수 없다. 다만 당시 추관 유홍이 팔을 걷어붙이고 큰소리로 '윤개미치는 반드시 그 아비를 죽인 자'라고 했는데 외간에서는 의심하는 사람들이 많았다."

유학 이순
어머니 윤개미치의 옥사를 뒤집다

원한은 사람을 독하게 만든다. 윤백원이 죽고 13년이 지난 선조 35년 개미치의 아들인 유학 이순은 원통함을 호소하는 상언을 올렸다.

"저의 어머니와 삼촌 윤조원은 오랜 원한이 있었습니다. 그런데 갑자기

외할아버지 윤백원이 비명횡사하자 삼촌이 그때를 놓치지 않고 음모를 꾸며 어리석고 미련한 첩 소생 윤덕경을 꾀어 소송을 하게 했습니다."

13년 전의 일이지만 선조 또한 잊지 않고 있던 사건이었다. 부모를 살해한 드문 경우였기 때문이다. 관련 기록을 재검토해본 뒤 선조는 두 가지 점에서 의문을 제시했다. 첫째, 지난 옥사 때 윤개미치의 말이 앞뒤가 맞지 않은 것은 규방에서 성장한 여인으로서 갑자기 추국장으로 끌려나와 옥리獄吏와 상대하게 됐으며, 더욱이 난장亂杖을 당하면서 심문을 받으니 혼비백산하여 진술이 틀릴 수밖에 없다는 것이었다. 둘째, 늙은 아버지가 여러 첩에 둘러싸여 손님을 상대하고 있는 때에 직접 독약을 써서 시행할 수 있는가이다.

『추관지秋官志』*에 실려 있는 선조의 말을 살펴보자.

"설령 효경梟獍** 같은 자가 헤아릴 수 없는 뜻을 품고 있다 하더라도 그 방법이 이처럼 엉성하지는 않을 것이다. 윤백원이 평소에 그 딸이 독약을 탈 것이라고 의심하여 딸의 집에서 보내온 물건을 먹지 않았다고 했으니 이 말이 사실이라면 그 아비는 딸이 오는 것을 쫓아버릴 일이지 어찌 그 집에 붙어 있게 하여 스스로 독약을 먹었을 리 있겠는가. 윤백원에게는 여러 첩의 자식이 있지만 적실에게는 오직 이 딸이 있을 뿐이다. 지금 딸을 지적하여 고발한 것은 다만 첩실 무리들의 입에서만 나온 것이니 이

---

* 조선의 전장典章과 교령教令, 명신들의 논결論決, 율령律令, 금조禁條의 연혁을 수록한 책.
** 효梟는 어미새를 잡아먹는 올빼미, 경獍은 아비를 잡아먹는 짐승으로, 효경은 곧 부모를 죽인 자를 비유하는 말이다.

어찌 긍정할 수 있겠는가."

선조는 "딸이 아버지를 시해할 리가 없으니 원한을 풀어주어야 할 듯하다. 윤조원 등을 잡아오도록 하라"고 명했다. 결국 윤개미치의 아들 이순의 상언으로 의금부는 윤백원의 첩실 쪽 동생인 윤조원·윤승원 형제, 첩 자식인 윤덕공·윤덕경 형제에 대한 집중적인 추궁을 시작했다. 가장 먼저 개미치와 원한관계에 있었던 윤조원과 윤승원 형제의 추국이 진행됐다.

윤조원은 윤백원의 천출 동생이었다. 비록 서얼이었지만 독서에 힘쓰고 언론을 좋아해 많은 사대부와 교류했다. 그는 적실 조카인 개미치와 무슨 이유인지는 몰라도 사이가 좋지 않았다. 하지만 윤조원·윤승원 두 형제는 추국 과정에서 자신들의 죄를 극구 부인했다.

"저희는 적실 형인 윤백원이 죽었다는 말을 듣고서 아픈 데도 없이 갑자기 죽은 것을 이상하게 여겼습니다. 이에 곧장 형의 집으로 달려가 죽을 끓인 여종을 추궁하여 독을 넣은 사유를 캐내려 했습니다. 그런데 조카 개미치가 여종을 강력히 변호하는 것을 보고 이상하게 여겨 죽은 형의 첩 자식인 윤덕경에게 말하여 고발장을 냈던 것입니다."

그러나 이 진술은 곧 거짓임이 밝혀졌다. 여러 차례 추국한 결과 윤덕경과 윤덕공이 고문을 견디지 못하고 자백했기 때문이다. 윤덕공은 "개미치와 묵은 원한이 있는 윤조원이 그의 아우 승원과 함께 죄를 얽어 모함하게 했습니다"라고 털어놓았고, 소장을 낸 윤덕경은 "윤조원이 교사한 것입니다"라고 진술했다.

　이로써 윤백원 독살 사건은 윤조원이 처음부터 판을 짠 계획 범죄인 것으로 드러났다. 첩계妾係 자손과 적계嫡係 자손의 물밑싸움이 비극으로 귀결된 것이다. 적서의 구분이 명백한 조선시대에 아버지가 적계 자식과 사이가 좋지 못한 상태에서 죽자, 이를 노리고 첩계인 윤조원이 적계를 없애려는 목적으로 아버지 독살죄를 뒤집어씌웠다.

　윤개미치의 혐의는 13년이 지나서야 풀렸다. 윤조원은 개미치를 원통하게 죽게 만든 모살죄謀殺罪로 참형을 면하기 어려웠으나 그 또한 추국 과정에서 죽고 말았다.

조왕신과 떡 그리고 두개골의 저주

사건 05

한명주 집안 사람들 연달아 죽어나가다

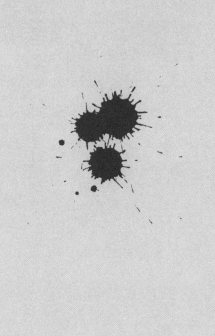

1775년(영조 51) 4월, 개성부 한명주韓命柱의 첩 복덕福德이 남편에게 고발당해 개성부 옥사에 갇히는 일이 벌어졌다. 당시 한명주는 나이 팔십을 지난 노인이었다. 그는 신묘년(1711)에 홀아비가 된 후 자신의 여종 복덕을 첩으로 맞아 64년을 함께 살아오면서 아들 셋과 딸 하나를 두고 있었다. 60년 이상을 동고동락한 복덕이었기에 비첩婢妾이라는 천한 신분이었지만 적자嫡子들이 함부로 할 수 없었다. 그런 복덕을 한명주는 왜 관아에 고발한 것일까.

한명주, 2년 사이에
적처 · 적자 · 적손을 모두 잃다

2년 전 한명주는 적자를 병으로 잃었다. 그런데 얼마 안 되어 적손嫡孫 또한 병으로 죽는 일이 발생했다. 2년 사이에 아들과 손자의 상을 치른 것이다. 그러자 며느리 임씨와 손자며느리 김씨가 한명주에게 조용히 와서 "집안에 흉사가 잇따라 일어나는 것은 첩 복덕이 적자들을 저주했기 때문입니다"라고 고했다. 그러잖아도 집안에 상사喪事가 겹치는 것이 이상하다고 여기던 차였는데, 며느리들이 그 이유를 '복덕의 저주' 때문이라고 하자 한명주는 깜짝 놀랐다.

조선시대에는 사람을 죽이거나 병에 걸리게 하려고 귀신에게 빌거나 방술을 쓰는 행위가 많았다. 이에 국가에서는 저주, 요술 등으로 사람을 죽이려 한 자는 각각 살인 음모로 논죄하고, 만약 그 사람이 죽었다면 저주한 자는 살인법에 의거해 처리했다. 이 경우는 모반대역을 비롯하여 부모나 지아비 모살 등과 함께 사면 대상에서 제외될 정도로 중죄였다.

그렇다면 사형에 해당하는 범죄를 과연 복덕이 저지른 것일까, 그리고 며느리들이 그렇게 주장한 근거는 무엇일까.

소장을 접수한 개성부 유수 유언호兪彦鎬는 즉시 복덕을 잡아들였으며, 죄상을 자백받기 위해 여러 차례 심문했다. 하지만 복덕은 끝까지 자신의 죄를 부인했다. 살인 사건의 경우 시체 검험서에 사망 원인이 나와 있어 이를 토대로 가해자를 주의 깊게 신문할 수 있었다. 그러나 이 사건은 '저주'로 인한 것이었다. 실제 저주했을 수도 있지만 애매하게 꾸며서 남을 모함할 수도 있기 때문에, 정확한 증거가 없으면 자백을 받아내거나 처벌하기가 여간 어려운 게 아니었다. 개성부 유수 유언호는 사건 관련자들을 모두 불러들였다.

먼저 며느리 임씨, 손자며느리 김씨, 한명주가 차례로 사건 발생 당시의 상황을 진술했다. 한명주는 2년 전(1773) 손자 한복빈이 복덕을 찾아왔을 때 그녀가 등을 돌리고 앉아 손자의 절을 받지 않았다고 진술했다. 손자며느리 김씨는 자신의 남편인 한복빈에게 복덕이 독을 넣은 만두를 먹였으며, 부뚜막 귀신인 조왕신에게 절하며 적자들이 죽기를 축원했다고 말했다.

김씨의 말에 따라 당시 조왕신에게 굿을 한 무녀 노랑덕과 역부 김대황·여관치·김봉이 등이 불려왔다. 과연 사실이었다. 무녀 노랑덕과 그의 역부 여관치·김봉이는 복덕이 병을 밟고 항아리 귀신을 화살로 쏘는 걸 봤다고 주장했다. 하지만 복덕의 말은 달랐다. 굿을 한 것은 맞지만 당시 집 안에서 비단과 돈을 잃어버린 것 때문에 자신이 의심을 받았는데, 그 때문에 화가 치밀어 도둑질한 사람을 죽게 해달라고 빌었다며 극구 부인했다.

집 안 곳곳에서 발견된 해골과 뼈
저주의 증거로 제출되다

역시 정황증거는 많았지만 입증하기가 쉽지 않았다. 그때 결정적인 것으로 보이는 진술이 나왔다. 손자며느리 김씨가 막 생각났다는 듯이 집 안 여덟 곳에서 흉물을 발견했다고 말한 것이다. 흉물은 바로 뼛조각이었다.

조선시대 저주 사건에서 자주 사용된 것은 바로 사람의 뼈였다. 남의 무덤을 파헤쳐 죽은 사람의 팔이나 다리뼈, 갈비뼈 또는 두개골을 구해다가 가루를 내거나 저주받는 자가 자주 다니는 곳에 뼛조각 채 묻곤 했다. 손자며느리가 뼈 이야기를 꺼내자 한명주의 며느리 임씨도

굿을 할 때 입는 무복 차림의 무당들. 조선이 무속의 나라였던 만큼 무당들은 어느 정도의 권위가 있었으며 서민들의 생활 깊숙한 곳에 관여하는 숨은 신이었다. 여러 무당의 차림은 그래서 독특하게 화려한 데가 있으며 여러 귀신을 모셔놓은 무당의 신당에는 이들을 보러 수많은 사람들이 지위 고하를 가리지 않고 찾아들었다. 무당의 종류에는 신이 내렸다는 강신무, 어머니가 무당이어서 되는 세습무, 먹고살 길이 없어 무업을 택하는 선무당 등 세 부류가 있었다.

복덕이 뼛조각을 묻는 걸 본 적이 있다고 진술했다.

개성부 유수는 집안사람들이 하나같이 복덕을 범인으로 지목하자 우선 그녀를 정범으로 보고 옥에 가둔 후 자백하기를 기다렸다. 이와 함께 사건의 관련 증인인 손자며느리 김씨, 무녀 노랑덕, 역부 김봉이 등도 가둬 심문을 계속했다.

일이 이렇게 되자 복덕의 자식들이 나섰다. 아들 한효신韓孝信은 형조에 상언을 올려 어미의 억울함을 호소했다. 개성부 유수의 조사 기록과 항의 상언을 모두 검토한 형조는 왕에게 종합 보고를 올렸다.

"개성부에 사는 한효신이 어미의 억울함을 호소했습니다. 이번 옥사의 정황이 매우 의심스럽습니다. 그러니 개성부 유수로 하여금 엄하게 형신하여 조사하라고 분부하십시오."

신중함의 대명사 정조도 마찬가지였다. "경솔하게 결단하기 어렵다. 갇혀 있는 사람들은 우선 단단히 가두어두고 다시 처분을 기다려라" 하고 명령했다. 정조는 이 사건을 '저주의 옥사'라고 명명했다. 그것은 이중적인 의미를 띠고 있었다. 저주해서 사람이 죽었을 수도 있지만, 그 저주라는 불투명한 그물에 얽매여 애매한 사람을 잡을 수도 있기 때문에 사건을 수사하는 입장이나 심문을 받는 입장이나 모두 저주스러운 기분이라는 것이다.

사건은 쉽게 해결되지 않고 해를 넘겼다. 개성부 유수는 복덕을 옥 안에 가둬둔 채 여러 번 형신했지만, 확실한 증거를 찾지 못했다. 증거가 나오지 않고 늙은 여인이 끝까지 버티자 정조도 경솔하게 판결할 수 없음을 거듭 지적하며, 나머지 갇혀 있는 사람들은 우선 그대로 두고 다시 처분을 기다리도록 개성부 유수에게 명령했다.

사건은 점차 지체돼갔다. 그 과정에서 복덕의 저주를 증명할 무녀 노랑덕이 형신을 참지 못하고 감옥에서 사망했다. 이 사실을 안 정조는 크게 노했다. 당초 하교할 때 가두어두고 처분을 기다리라고 명령했는데 개성부 유수가 그렇게 하지 않았기 때문이다.

정조는 자신의 명을 어긴 개성부 유수를 엄중히 추고할 것을 명했다. 그런 후 이번 옥사를 조사할 방도는 오직 복덕의 진술에만 있음을 인지하고, 복덕이 잡아뗄 것을 염두에 두어 더욱 강도 높은 조사를 하도록 지시했다.

개성부 유수는 파직되고
새로운 조사관으로 파견된 어사

개성부 유수가 파직당하자 한양에서 어사가 파견됐다. 어사가 당도해보니 사건 조사의 모든 게 흐릿하고 엉망이었다. 만두에 독을 넣은 것은 물론, 부뚜막 귀신에 절하며 축원했다는 것, 여덟 군데에 남을 저주하려고 흉한 물건을 묻은 것 또한 모두 정황이 맞지 않았다.

복덕의 남편인 한명주는 계사년(1773) 초에 손자 한복빈이 복덕을 찾아왔다고 진술했다. 복덕은 60년을 한명주와 같이 살았기 때문에 비첩이었지만 집안에서의 지위는 정실부인에 가까웠다. 따라서 집안의 적자들은 첩 복덕을 깍듯이 공대했다. 적손 한복빈 역시 할아버지 한명주를 찾아왔을 때 복덕에게도 문안 인사를 드렸다. 하지만 무슨 이유인지 복덕은 그의 절을 받지 않았다. 적서 간의 불화가 있었던 것이다.

하지만 적서 불화는 어디에나 있는 흔한 것이 아닌가. 문제는 적서 간 불화가 아니라 복덕이 손자의 절을 받지 않았다는 데 있었다. 애초의 고발장에는 "복덕이 준 만두를 먹고 죽었다"는 내용이 적혀 있었다. 어사는 이 부분이 뭔가 수상쩍었다. 적손이 절을 해도 받지 않는데, 하물며 적손에게 만두를 대접할 리가 없지 않은가라고 생각한 것이다. 너무 당연한 해석이지만 개성부 유수는 생각지 못한 것이었다.

어사의 추측은 계속 이어졌다. 설령 복덕이 만두를 대접했다 하더라도 절도 받지 않는 천첩 출신 할미가 내미는 만두를 적손이 과연 먹었겠느냐는 의심이 그것이다.

어사는 비교적 명민한 사람이었다. 거짓에 거짓이 보태어질수록 현실은 걷잡을 수 없이 복잡하게 꼬인다는 걸 알고 있었다. 또한 그는 구체적인 것을 의심해야 한다고 배웠다. 그 구체성의 생생한 현장감이 사건의 본질을 은폐하기 위한 도구로 쓰일 때가 많기 때문이다. 그렇다면 이 사건에서 가장 구체적인 것은 무엇인가.

가장 구체적이면서도 누구도 바꿀 수 없는 기본적인 사실은 무엇인가. 그것은 복빈이 사망했다는 사실이다. 어사는 다시 사건조사 일지를 들여다보았다. 바쁘게 움직이던 그의 눈길이 어느 한 곳에 멎었다. 바로 복빈이 사망한 시점이었다.

한복빈의 부인 김씨는 남편이 만두를 먹은 시기가 정월이라고 했다. 하지만 사망한 시점은 한여름인 8월이었다. 그렇다면 한복빈은 만두를 먹은 지 7개월이나 지나서야 사망했다고 할 수 있다. 정월에 독약을 먹은 사람이 8월에야 비로소 죽는 경우는 없었다. 김씨는 초범자들이 범죄를 은폐하기 위해 둘러댈 때 저지르는 전형적인 실수를 범하고 있었다.

적계 며느리들,
힘을 합쳐 첩실을 모함하다

서서히 어사가 심문해야 할 대상은 복덕이 아니라 적계 며느리들이라는 것이 분명해지고 있었다. 어사에게 그런 확신을 안겨준 것은 첩 복덕이 조왕신에게 소리 내어 기도하면서 절을 했다는 대목이었다. 조왕신은 부엌을 관할하는 신으로 조신, 조왕각시, 조왕대신, 부뚜막신이라고도 불렸다.

본질적으로 부엌은 불을 사용하여 음식을 만드는 곳이었기 때문에 조왕신은 불의 신이었으며, 집안을 보호하는 기능이 있었다. 일본에서는 조왕신을 '가마도(부뚜막)' 신이라 하여 집을 지키는 수호신으로, 중국에서는 집안 식구들의 행동을 관찰하여 인간의 선악에 따라 화복禍福을 주는 신으로 믿었다. 이러한 조왕신은 조선시대에도 가신家神 신앙으로 부녀자들에 의해 신봉됐다. 부인들은 아궁이에 불을 때면서 나쁜 말을 하지 않았으며, 부뚜막에 걸터앉거나 발을 디디는 것도 금했다.

항상 부엌을 깨끗하게 했으며, 벽에는 제비집 모양의 대臺를 흙으로 붙여 만들고 그 위에 조왕보시기를 올려놓았다. 그리하여 매일 아침 깨끗한 물을 길어다 조왕보시기에 떠 올리고, 집안이 잘되도록 기원하

조왕 탱화.

조왕신은 일명 부뚜막신으로 조선시대 민간신앙에서 중심적인 위치를 차지한다. 이번 사건에서 복덕이 조왕신에게 저주를 내려달라고 빌었다는 증언이 나오는데, 이는 조왕신앙이 주로 기복신 앙이라는 점을 간과한 주장이라고 할 수 있다. 수사관은 이 점에 주목했다.

며 절을 했다. 즉, 조왕신은 축원하고 바라는 축복의 신이지 해꼬지를 청탁하는 주술사의 음침한 신은 아닌 것이다.

고소장에서는 신의 기능이 정반대로 왜곡돼 있었다는 걸 어사는 발견했다. 손자며느리 김씨는 복덕이 쌀과 물을 상 위에 떠놓고 조왕신에 기도하며 적자를 저주하는 말을 하는 걸 들었다고 했다. 설령 복덕이 적계 자손들에게 분하고 억한 심정으로 조왕신의 바지춤을 잡았다고 치더라도 상식적으로 이해되지 않는 대목은 여전히 남았다. 복덕이 아무리 어리석다고 해도 김씨가 듣고 보는 곳에서 두 손을 들고 땅에 엎드려 절을 하며 큰 소리로 기도한다는 것은 전혀 이치에 맞지 않았다. 비밀 행동과 공개 행동을 구별하지 못한다는 것은 빛과 어둠을 가릴 줄 모르는 상태, 즉 노망이 난 사람의 행동이다. 하지만 복덕은 해를 넘긴 조사에서도 자신의 범행을 계속 일관성 있게 부인할 만큼 의식이 또렷한 노인이었다.

어사가 내려온 지 불과 며칠이 지났을 뿐인데, 사건의 윤곽이 어느 정도 드러나는 듯했다. 이제 마지막으로 흉물을 점검해야겠다고 생각한 그는 사람을 시켜 증거물을 가져오라 했다. 하지만 수사본부에서는 이를 보관하고 있지 않았다. 즉각 흉물을 봤다고 진술한 며느리 임씨와 적손부 김씨가 소환됐다. 그런데 그들은 '남겨둬도 쓸데가 없어 포구에 던졌'고 말하는 게 아닌가. 범죄를 성립시킬 수 있는 가장 유력한 증거를 고발자들이 스스로 없앴다는 것이다.

어사는 깊은 회의감이 들었다. 너무 싱거운 모함 사건이 해를 넘겨 답보 상태에 머문 것은 분명 개성부 유수의 수작 때문이라고 여겨졌으나, 이미 파직당한 그를 다시 끌어내고 싶은 마음은 없었다. 그는 며느리 임씨와 손자며느리 김씨가 모함의 핵심을 쥐고 있다고 판단하고 둘을 집중 추궁했다. 차근차근 사건을 되짚어가며 추궁하자 손자며느리는 "당초 터무니없는 말을 만들어낸 것은 시어머니 임씨로 말미암은 것입니다"라고 자백하기 시작했다. 김씨는 "저주하려고 흉물을 묻고 항아리 귀신을 쏘았다"라고 한 것은 시어머니 임씨의 지시 때문이었고, 무녀 일당 또한 임씨가 사주한 것이라고 했다.

결국 이 사건은 적계 며느리들이 첩 복덕을 모함하기 위해 그녀에게 저주의 누명을 씌운 것이었다. 한명주의 첩 복덕은 자녀가 많았기 때문에 집안에서 적서 간 틈이 생기기 쉬웠다. 한명주의 며느리와 손자며느리들은 혹시 첩의 자식에 의해 집안이 다스려져 가문의 위신이 점점 깎이게 될까 두려워했다.

게다가 이들은 첩자들에게 재산을 빼앗길까봐 하루도 복덕을 꺼리지 않은 날이 없었다. 그런데 거듭해서 적자, 적손 등 집안사람의 상사가 발생하자 '어떻게 하면 시아버지 한명주를 움직여 복덕을 제거할까' 하는 생각이 깊어 이와 같은 저주의 모의를 하게 됐던 것이다.

복덕의 저주 사건은 정조가 적손부 김씨와 첩 복덕을 방면하는 것으로 마무리됐다. 정조는 비록 복덕의 부덕함이 있었더라도, 오래 감옥에 갇혀 있었기 때문에 그 죗값은 충분히 받았다고 생각했다. 주범인 며느리 임씨는 모함이 밝혀진 이후의 형신을 견디지 못하고 감옥에서 사망했다. 손자며느리 김씨는 첩 복덕을 모함한 소행은 인정됐지만 임씨의 사주에 의해 행동했고, 이미 옥살이가 길어졌기 때문에 정상을 참작하여 방면됐다. 조선시대 만연했던 처와 첩, 적자와 서자 간의 미묘한 관계를 보여주는 사건이었다.

궁중 절도 사건은 내부자의 소행이 절반

-조선후기 한성부에서 일어난 절도 범죄

절도는 시대를 막론하고 민간의 가장 보편적인 범죄 형태다. 조정은 절도가 개인의 재산권을 침해하는 행위였기 때문에 사회질서를 어지럽히는 범죄로 인식해 처벌을 엄중히 했다.『일성록』에 기록된 18~19세기 전국 사형 범죄 중 절도는 72건을 차지한다.

내용을 보면 주로 궁궐의 기물과 관고官庫의 물건 등 국가 기관물에 대한 절도가 대부분이다. 절도가 발생하는 장소 또한 대개 경희궁·경모궁·효창묘·주전소·선혜청 등 궁궐, 종묘, 관청들이었다. 절도물은 제기祭器, 악기樂器, 문고리나 열쇠 등의 철물, 도배지, 장판 등이며 군기고의 화살, 총, 화약 등도 있었다. 이러한 절도물은 일반 양인이 쉽게 접할 수 없는 것으로, 범인은 대부분 해당 관청의 전직 공무원들이었다.

조선시대 사람들은 왜 남의 물건을 훔쳤을까. 대부분은 기한飢寒을 참지 못해서이다. 1834년(순조 34) 이완철李完喆은 동남관왕묘東南關王廟의 배청직陪廳直으로 일하다가 쫓겨난 후에 배가 고파 백미白米, 당칠唐柒, 황율黃栗 등 제물을 절도했다(순조 34). 정일손鄭日孫 또한 금전을 얻을 목적으로 왕실용 제기를 훔쳐 전당포에 맡긴 후 2냥을 빌리기도 했다(헌종 원년).

형조 노비인 김재륜金在崙은 형조의 종이뭉치(계목과 옥안 331근)를 훔쳐 조지서造紙署 지장紙匠에게 여러 차례에 걸쳐 판매했다. 그는 형조의 고참 노비로

조선시대 전당포.

같은 소속 군사인 김복량金福良과 이와 같은 짓을 저질렀다. 이 종이뭉치들은 지장들의 손을 거쳐 과거 시험을 볼 때 시지試紙로 재활용되었다(순조 2).

도박 밑천을 마련하기 위해 재물을 탈취하는 단순 절도도 많았다. 이연종李淵鍾은 종묘 효정전 별희방別熙房 군사로, 효정전 제기고에서 제기祭器를 훔쳐 철물점을 운영하는 김춘성金春成에게 팔았다. 도박에 쓸 돈을 마련하기 위해서였다.

1851년(철종 2) 강재수姜載壽 역시 노름 비용을 마련하기 위해 육상궁毓祥宮 제실의 창호를 찢고 병풍 및 조총을 훔쳤다. 그는 한성부 북부 장동에 거주하며 육상궁 대청직으로 일하고 있었으나 죄를 짓고 쫓겨난 후로는 직업이 없는 상태였다. 강재수는 세 차례에 걸쳐 도둑질을 했는데, 이것이 가능했던 이유는 궁내 주요 물품의 소재를 잘 알고 있었기 때문이었다. 강재수는 절도 물품을 총 40냥을 받고 처분했다.

당시 민간에서는 도박이 성행했다. 사대부의 자제들로부터 항간의 서민들까지 집과 토지를 팔고 재산을 털어 도박을 했다. 국가에서 도박 빚으로 인한 살인을 염려할 정도였다. 실제 강도나 치사 사건까지 발생했고 관속이나 아전들이 포흠을 지고 군교가 부정을 저지르는 것도 도박인지라 영을 내려 엄중히 금하는 조치가 내려지기도 했다.

19세기에 이르면 한성부에는 재물 탈취를 위해 불을 질러 집단적으로 절도하는 경향도 보였다. 1860년(철종 11) 금위영禁衛營 순령巡令을 수행한 한종혁韓宗赫은 동료인 김순갑金順甲과 함께 모화관慕華館 송정동 김치서金致瑞의 집을 도적질했는데, 이들은 밤을 틈타 월장해 집주인을 결박한 후, 칼로 위협하고 약탈을 저질렀다. 한종혁은 이전에도 10여 차례 양반가와 여염집에서 유기그릇과 의복 등을 훔쳐 잡철상, 그릇 가게, 종로 옷 가게 상인에게 팔아온 전과자였다. 1862년(철종 13) 어영청 수문군인 전록이田祿伊는 해남에 사는 조해평趙海平과 종로에서 만나 청석동에 가서 초가에 불을 지르고 물건을 절도했다.

이러한 단순 절도와는 달리 사연이 깃든 사건도 있다. 문인성文璘瑆은 효창묘의 제향에 쓰는 그릇과 제실의 철환鐵環 등을 훔쳤는데, 어제실 고직 최수륜崔秀崙에게 묵은 원한이 있어 그를 곤경에 빠뜨리려고 절도한 경우다(순조 7). 순산직巡山直인 남두산南斗山 또한 원한관계인 수복守僕을 곤경에 빠뜨리기 위해 소녕원昭寧園의 침상을 훔쳐 수복의 방 부엌 아궁이에서 불태우기도 했다(정조 2).

1808년(순조 8) 좌변포도대장의 사노비 두탑斗塔은 사소한 일로 상전에게 꾸지람을 듣고 붉은 줄로 결박당하는 등 도적 취급을 받자, 원한을 품고 대장패를 훔쳐 불에 태웠고, 박재근朴在根은 도총부都總府에서 근무 중 술에 취해 소란을 일으킨 후 축출되자 도총부 당상패를 훔쳤다(헌종 9). 이들은 재물 획득이 목적이 아니었기 때문에 훔친 물건을 불태우는 등 은폐하는 경우가 많았다.

　여기서 공통된 특징은 이들 절도범의 대부분이 각 관사의 하속인을 수행하거나 여기서 도태된 자들이었다는 점이다. 한성부의 경우 왕도라는 지역적 특성상 이를 수호하고 유지하기 위해서는 한성부민들의 노동력이 필요했다. 따라서 국가에서는 일정한 돈을 지불하면서 백성들을 궁궐과 각사의 고직, 수직군사로 썼고 이는 백성들의 주요 생계 기반으로 작용했다. 그렇기 때문에 역을 수행하다가 쫓겨난 경우 생활이 유지되기 어려워 자연스럽게 절도로 이어졌다.

붉은 창자를 둘러메고
동헌을 쳐다보다

강진현감을 경악케 한 지독한 복수극

1788년(정조 12) 정월 초 3일 전라도 강진현. 한 남자가 청조루 누각 아래에서 붉은 창자를 둘러메고 수령이 있는 동헌東軒을 바라보며 꿇어앉아 있었다.

　　누각 앞을 지나다니는 많은 사람이 그의 모습에 놀라 웅성거렸다. 이를 본 도장都將 김몽룡金夢龍은 허겁지겁 달려와 강진현감 성종인成種仁에게 보고했다.

　　"관문 밖의 한 백성이 붉은 물건을 어깨와 허리에 두르고 북쪽을 향해 꿇어앉아 있길래 제가 '어깨와 허리에 두른 것이 무엇이냐'고 물었습니다. 그러자 그가 대답하기를 '개狗의 창자입니다' 했습니다. 이상히 여겨 다시 물으니 '원수의 창자입니다' 하므로 신이 불러들여 자세한 정황을 물었습니다. 그랬더니 '아버지 윤덕규尹德奎가 집안의 서자 윤언서尹彦緖에게 죽임을 당했으므로 그를 찔러 죽인 후 창자를 꺼내왔습니다' 라고 했습니다."

현재 남아 있는 동헌 건물의 모습. 조선시대의 지방 장관인 원이나 수령들이 공적인 일을 하던 중심 건물을 말한다. 관아는 보통 객사客舍, 내삼문, 동헌東軒, 내동헌, 공해, 사령청, 향청, 군관청, 훈무당, 작청, 옥사 등으로 이뤄져 있었다. 내동헌은 수령과 그 가족이 거주하는 공간이고, 객사는 서울에서 온 손님들을 머물게 하는 공간이다.

이 보고를 들은 강진현감 성종인은 윤항尹恒의 죄상에 깜짝 놀라 그를 즉시 잡아들였다. 도장 김몽룡 또한 신속한 사건 조사를 위해 이러한 사실을 토대로 관아에 소장을 제출했다. 사건을 접수한 강진현감은 검험하는 서리, 오작인 등을 거느리고 곧바로 살인 현장으로 달려갔으며, 마을의 이장으로 하여금 피해자의 가족을 비롯한 사건 관련자들을 모두 소집하게 했다.

윤언서가 살해당한 모습은 참혹했다. 숨구멍과 목, 배가 칼에 난자당한 것을 육안으로도 확실히 알 수 있었다. 강진현감은 즉시 오작인들과 함께 시체를 자세히 검험했다.

윤언서는 목에서부터 왼쪽 귓불 아래까지 칼에 찔렸으며, 상처의 크기는 가로 길이 5촌, 너비 8푼, 깊이 1촌 2푼이었다. 배 또한 칼에 찔렸는데 상처의 둘레가 1척 7촌이며, 너비가 5촌 8푼이었다. 간을 비롯하여 심장, 폐, 대장, 창자 등 오장육부가 솟아져나왔으나 굽이굽이 서로 연결돼 있어 크기를 잴 방법이 없었다. 다만 주범 윤항이 윤언서의 배에서 꺼내 어깨에 메었던 작은창자의 길이만을 잴 수 있었는데 29척 2촌이었다.

윤항이 칼로 윤언서의 모든 급소를 찌른 흔적이 명백했다. 그가 원한에 사무쳐 칼을 마구 휘둘렀기 때문에 상처의 길이와 너비가 컸으며, 오장이 솟아나와 시신의 상태가 매우 참혹했다.

1차 검험을 맡은 초검관 성종인은 검안에 윤언서의 사망 원인을 칼에 찔려 죽은 피자치사被刺致死로 기록했으며, 정범은 윤항으로 기록했다.

윤덕규, 서얼 친족인
윤태서 형제에게 맞아 죽다

사건 발생 1년 전. 윤항의 아버지 윤덕규는 환곡을 받는 문제 때문에 서둘러 마을의 창고로 갔다. 문중의 서얼인 윤태서^{尹泰緖}와 윤언서가 마을의 세금 거두는 일을 주관하는 호수^{戶首}를 맡고 있었는데, 환조를 빌미 삼아 자신의 이름으로 밀, 보리 등을 멋대로 빼앗았기 때문이다. 윤덕규는 화가 나서 윤태서 형제에게 이치를 따져가며 꾸짖었다. 이들은 친족이었지만 적서의 구분이 있는 사이였다. 평소 서자 집안인 윤태서 형제가 적자의 친족들을 무시하고 업신여겼으므로 서로 앙금이 많았다.

그러던 참에 환곡 문제를 빌미로 다투었으며, 결국에는 화가 난 윤태서가 윤덕규를 구타해 한 집안의 적서가 마을 창고 마당에서 싸우는 일이 발생했다. 뒤엉켜 싸우는 과정에서 윤태서는 적자 윤덕규의 성기를 잡아당겼을 뿐 아니라 손가락도 잡아채, 윤덕규는 엄지손가락이 삐고 신체 여러 군데의 살갗이 벗겨지는 상처를 입었다. 윤덕규는 사소한 문제 때문에 자신이 서자 집안의 자식들에게 맞자 울분을 감출 수 없었으며, 이후 화병이 생겨 윤태서에게 맞은 지 38일 만에 사망했다.

윤덕규의 자식들은 강진현 관아에 아버지가 서자 윤태서 형제에게 맞아 죽었다는 고소장을 제출했다. 이에 고을 수령인 강진현감이 초검관이 되어 죽은 윤덕규의 시신을 검시했다.

그의 손과 급소 부분인 성기에 미세한 상처의 흔적이 보였다. 그러나 손가락의 상처는 살갗이 벗겨진 정도였으며, 상처의 크기도 6푼에 지나지 않았다. 모두 가벼운 것으로, 이로 인해 사망에 이를 정도는 아니었다. 상처가 썩은 흔적도 발견할 수 없었다. 성기 부분은 불알이 부어올랐지만 두 고환의 상태는 온전했다. 초검관은 시체를 검험하기 전 가족과 이웃들에게도 두루 증거를 물었으나 죽임을 당한 마땅한 정황은 발견할 수 없었다.

한편, 윤덕규의 경우 남을 상해한 사람에 대하여 맞은 사람의 상처가 나을 때까지 처벌을 보류하는 기간인 보고기한保辜期限도 이미 지났었다. 조선시대에는 싸움으로 인해 다른 사람에게 상해를 입힌 자는 그 상해한 방법과 상처의 경중에 따라 일정 기한 동안 치료할 책임을 지니고 있었다.

그 기한이 지난 뒤에 피해자의 상처가 치유되거나 악화되는 상태에 따라 구타한 사람의 죄를 결정했다. 손발이나 다른 물건으로 상해를 했다면 20일의 유예기간을 두었으며, 칼·낫·도끼 따위와 같이 날이 있는 연장이나 끓는 물 또는 불로 상해했으면 30일이었다. 만약 팔다리가 부러지거나 뼈가 부서지는 경우, 임산부를 낙태하게 한 경우는 때린 도구가 손발이나 물건에 상관없이 모두 50일의 유예기간을 두었다.

이처럼 조선시대에는 폭행으로 사람이 다쳤을 경우 가해자로 하여금 먼저 피해자를 치료하게 했다. 그렇기에 피해자가 보고기한이 지나서 죽거나, 혹은 기한 안에 죽더라도 가해자가 입힌 상처가 아니라 다른 이유로 죽었으면 살인죄를 적용하지 않고, 구타해서 다친 구상법毆傷法에 의거하여 처벌했다.

윤덕규의 경우는 윤태서에게 구타당한 지 38일 만에 죽었기 때문에 손발이나 다른 물건으로 상해한 경우 두는 20일의 유예기간이 지난 상태였다. 따라서 검험관은 다친 흔적이 분명하지 않은 점, 보고기한이 지난 점, 관아 고발을 죽은 지 7일 뒤에 한 점 등을 들어 윤태서 형제의 살인을 인정하지 않았다.

사건의 결과가 윤태서 형제의 무혐의로 기울자, 윤덕규의 아버지는 분통함을 이기지 못하고 스스로 음식을 끊다가 3일 만에 사망했다. 윤덕규의 부인 또한 남편의 죽음에 억울함을 억누르지 못하고 눈물로 밤을 지새우다가 병으로 사망했다.

적서 간 구분을 어지럽히는 윤태서 형제의 행동으로 인해 적자 윤덕규 집안은 자신을 비롯해 아버지, 아내마저 화병으로 사망했다. 한 집안에서 세 명의 초상을 연이어 치르게 된 것이다. 서자 때문에 부모와 조부를 한꺼번에 잃게 되자 윤태서, 윤언서에 대한 아들 윤침尹忱, 윤항의 원한은 이루 말할 수 없었다. 둘은 아버지의 원수를 반드시 갚겠다고 결심했다.

아들 윤항의 복수
원수의 배를 가르고 간을 꺼내 씹다

정월 초하루 윤침 형제는 서얼 삼촌 윤덕래尹德來와 함께 윤언서에게 복수하기 위해 그의 동태를 살피고 있었다. 이들 세 사람은 손에 칼을 들고 윤언서의 집 앞에 숨어 있었으며, 윤언서가 외출하는 것을 가만히 엿보다가 그를 붙잡았다. 형 윤침과 서숙부庶叔父 윤덕래가 윤언서를 움직이지 못하게 붙잡고 있었으며, 윤항은 지니고 있던 칼로 그의 목과 배를 찔렀다.

그런 후 그는 윤언서의 배를 가르고 간을 꺼내 씹어 먹으며 울분을 삼켰다. 집안의 원수를 죽음으로 갚은 후 윤덕래는 도망갔으며, 윤항과 윤침은 아버지 윤덕규의 무덤에 가서 원한을 풀어드렸다며 통곡을 한 후 고을 관아에 가서 자수했다.

당시 부모나 형제의 원한을 풀기 위한 보복적 행위는 범죄의 정당한 이유로 판단돼 감형을 받았다. 아버지가 다른 사람에게 구타를 당해 중상을 입었을 때 아들이 구타한 사람을 때려죽게 하거나, 아버지가 피살되어 자의로 자식이 원수를 죽인 경우 등은 살인죄를 적용하지 않고 정배했다.

아울러 처가 남편의 원수를 갚거나 어머니가 아들의 원수를 갚고, 처남이 어리고 약해서 복수할 수 없자 매형이 이에 동모하고 힘을 합쳐 원수를 타살한 경우도 살인죄를 적용하지 않았다.

하지만 윤항의 경우는 원수의 배를 갈라 간을 꺼내 먹었을 뿐 아니라 그의 창자를 허리와 목에 두르는 등 복수의 정도가 심했다. 그렇기에 그 행위에 대한 처벌을 두고 신하들 간의 의견이 분분했다.

윤언서 살인 사건을 맡은 검험관들은 윤침·윤항 등의 행동이 과연 복수의 행동으로서 타당한지에 조사의 초점을 맞췄다. 그러기 위해서는 죽은 아버지 윤덕규의 사망 원인이 병으로 죽은 병환치사인지 아니면 윤태서의 폭행으로 인한 사망인지를 확실히 할 필요가 있었다.

만약 병환치사였다면 윤침·윤항의 행동은 두말할 것 없는 살인이었고, 폭행치사였다면 원수를 죽인 복수 행위로 간주되어 그에 따른

법의 보호를 받을 수 있었기 때문이다.

윤덕규의 죽음
병환치사냐 폭행치사냐

초검관 성종인은 죽은 윤언서의 시신을 검시하기 전 죄인 윤항에 대해 심문을 했다. 먼저 윤언서를 죽인 이유와 범행 도구, 동모자 등을 물었다.

윤항은 윤언서를 죽인 이유에 대해 "아버지가 집안의 서자 윤태서 형제에게 얻어맞아 죽자 반드시 원수를 갚으려고 이와 같은 행동을 저질렀다"고 진술했다. 이는 복수에 의한 원한 살인이며, 죽은 아버지의 유언이기도 하다는 것이다.

성종인은 윤덕규의 검험 문서를 다시 살펴보았다. 기록에 따르면 당초 윤덕규 시신의 상태는 타살이라고 지적할 만한 상처가 없었다. 윤덕규의 손가락 살갗이 벗겨진 곳은 둘레가 6푼밖에 되지 않았을 정도로 작았다.

피해자 가족들이 윤덕규의 불알이 부어올랐다고 주장했지만 상태는 온전하여 이로 인해 사망했다고 볼 수 없었다. 따라서 초검관 성종인은 윤덕규의 사건을 살인 사건으로 논할 수 없고 화병으로 인한 병사라고 결론지었다.

또한 아버지의 유언에 따라 아들 윤항이 복수했다는 진술에 대해서도 아버지가 보낸 편지에는 윤언서에게 구타당했다는 내용뿐이었지 복수하라는 언급이 없었다고 지적했다. 여기에 덧붙여 성종인은 '만일 편지가 아버지 생시에 쓴 글씨였다면 즉시 고발할 일이지 이제 와서 얘기하느냐'며 윤항의 진술에 대해서 인정하지 않았다.

이어 2차 검시인 복검이 실시됐다. 복검관은 이웃 고을 수령인 장흥 부사 윤수묵尹守默이 맡았다. 윤수묵 또한 복검 결과 윤덕규의 죽음을 폭행치사로 보기에 합당한 증거를 찾을 수 없었다. 그는 다음과 같은 의견을 복검에 대한 최종 의견으로 제시했다.

"『대전통편』에 아버지가 다른 사람에게 얻어맞아 중상을 당해 그 아들이 그 사람을 때려서 죽게 했을 경우는 사형에서 등급을 낮춰 유배시킨다고 했습니다. 또 그 아버지가 살해당하여 살인 사건이 성립됐는데 관아에서 사건의 정황을 밝히기도 전에 원수를 제멋대로 죽인 자는 사형에서 등급을 낮춰 유배시킨다고 했습니다. 그러나 윤덕규의 초검과 재검에는 조금이라도 이에 합당한 증거가 없었습니다. 따라서 윤항의 잔인한 행위는 사람의 목숨을 헛되이 죽인 것으로 해당 법조문을 적용하기는 어렵습니다."

초검관과 복검관이 '윤항의 복수가 성립되지 않는다'고 동일한 결론을 내렸기 때문에 전라도 관찰사 심이지沈頤之는 이를 토대로 사건에 대한 자신의 의견을 써서 형조에 올렸다. 그는 윤덕규의 사건에 대해 다음 네 가지 결론을 내렸다.

첫째, 엄지손가락의 상처는 본래 급소가 아니며, 불알의 팽창 또한 다친 흔적이 아니다. 만일 윤덕규의 성기가 뽑혀 박처럼 크게 팽창했다면 반드시 죽게 됐을 것인데 어찌 38일이나 견뎌낼 수 있는지 의문이다.

둘째, 윤덕규가 죽은 지 7일이 지나서야 비로소 고발이 이루어져 시체를 검험했으며, 불알이 부어 커진 것은 곧 더운 계절이라 피부가 썩으면서 나타난 증상이다. 따라서 이러한 사실을 근거로 윤덕규의 죽음을 피살이라고 말할 수 없다.

셋째, 윤태서는 형이고 윤언서는 아우다. 살인 사건이 성립되어 같이 범행했을 때 집안 어른을 주범으로 처벌하는 것은 당연하다. 그러면 윤태서가 마땅히 주범이 돼야 하고 윤언서는 종범에 지나지 않는데, 주범은 제쳐놓고 종범을 죽였음은 무슨 이유일까. 원수를 갚는다는 대의에 어찌 주범과 종범을 구분하지 않았는지 의심이 간다.

넷째, 다친 곳이 없고 보고기한이 지난 사건에 국법을 시행할 수 없음은 누구나 알 수 있는 사실이다. 또한 할아버지 때부터 사사로운 혐의가 있었다 하나 이것은 사람을 죽일 만한 사건이 아니며, 아버지의 유서라고 핑계 대나 이 또한 원수를 갚을 만한 분명한 증거가 될 수 없다. 따라서 이 범행은 즉흥적으로 묵은 감정을 푼 데 지나지 않는다.

심이지는 이 네 가지를 들어 윤언서가 윤덕규를 죽이지 않았음에도 윤덕규의 자식이 그를 죽였으니 윤항을 법에 따라 사형에 처하고 다시 논의하지 말 것을 결정했다.

소녀 윤임현 천 리를 달려와
오빠들을 위해 격쟁하다

그해(정조 12) 4월 4일. 윤덕규의 어린 딸 윤임현尹任賢이 한양으로 올라왔다. 임금이 거둥하는 때에 맞춰 꽹과리를 치며 오빠들의 억울함을 호소하기 위해서였다.

"소녀는 옛 감사 윤복尹復의 7대손입니다. 머리에 쪽을 지지도 않은 17세 여자 아이로서 하늘이 무너지고 땅이 꺼지는 슬픔을 맞이했습니다. 소녀의 아버지 윤덕규는 지난해 3월 집안 서족 윤태서·윤언서 형제에게 구타당해 38일 만에 돌아가셨습니다. 조사관은 다친 상처가 분명하지 않으며 고발이 제때에 이루어지지 않은 점을 들어 살인 사건으로 여기지 않았습니다. 이에 할아버지는 분통을 이기지 못하고 단식한 지 3일 만에 돌아가셨으며, 어머니 또한 눈물만 흘리시다가 돌아가셨습니다. 이는 모두 윤태서·윤언서 이 두 원수 형제로 말미암은 것입니다. 두 오빠와 서삼촌은 모두 칼을 쓰고 옥에 갇혔는데, 원수인 윤태서는 곧 석방이 됐으니 고금 천하에 어찌 이런 일이 있습니까. 엎드려 비오니 법은 법대로 원수는 원수대로 처리해주십시오."

격쟁擊錚은 억울한 일을 당한 백성들이 궁궐에 들어가거나 국왕이 행차할 때를 기다려 징이나 꽹과리, 북을 쳐서 이목을 집중시킨 다음 억울함을 국왕에게 직소하는 것이다. 이때 격쟁할 수 있는 내용은 네 가지로 제한됐다. 조선전기에는 형벌이 자신에게 미치는 일이나 부자

작자미상, 〈환어행렬도還御行列圖〉 부분, 18세기 말.

조선시대 임금의 행렬 모습. 억울한 일이 있어 격쟁하고자 하는 사람들은 이와 같이 임금이 행차
할 때 기다렸다가 뛰어들어 억울함을 호소하기도 했다. 저렇게 장엄한 행차를 가로막고 서려면 대
단한 용기가 필요했을 것이다. 그만큼 격쟁하는 백성들의 사연은 간절했다.

관계를 밝히는 일, 적자와 첩자를 가리는 일, 양인과 천인을 가리는 일을 제외하고는 격쟁을 허락하지 않았다. 그러나 18세기인 숙종대에 이르러 민이 억울함을 호소하는 일이 많아지자 격쟁의 범위가 넓어져 손자가 조부모를 위해, 자식이 부모를 위해, 처가 남편을 위해, 아우가 형을 위해 원통함을 호소할 수 있게 했다. 이외의 일로 격쟁할 경우 국가는 이를 받아주지 않고 대신 격쟁 당사자를 처벌했다.

어린 소녀의 격쟁을 들은 정조는 윤항 사건에 의심을 품고 형조판서, 형조참판, 형조참의 등 세 당상관으로 하여금 각각 의견을 제시하여 회계하라고 지시했다. 이에 윤항 사건은 형조로 넘겨졌다.

형조판서 김종수金鐘秀는 초검, 복검관들이 윤덕규의 죽음을 살인 사건으로 결정하지 않은 것이 비록 보고기한에 근거했다고 하지만, 윤태서와 윤언서를 무죄 석방한 사실은 경솔하다는 의견을 제시했다. 이미 윤항 형제가 관아에 고발하여 윤태서 형제를 살인죄로 처벌할 것을 요청했고, 그 요청이 인정되지 않은 다음 비로소 원수를 죽였기 때문에 그 죄는 살인처럼 중형에 이르지는 않는다고 보았다.

또한 윤덕규 부자와 아내 세 사람이 일시에 죽었고, 남은 세 아들 윤항·윤침·윤덕래 또한 4개월이나 옥에 가두었으므로 처녀가 천 리를 달려 궐문 밖에서 큰소리로 호소하는 행위에까지 이르렀다며 그 정상이 딱하다고 아뢰었다.

이에 따라 형조판서 김종수는 형사소송 사건의 청구에는 원고와 피고 쌍방에 대한 공정한 청취가 제일이며, 살인 사건은 사건의 본질이 사람의 목숨과 관계되므로 한쪽의 말만으로 사건을 논의하여 결정함은 부당하다고 여겼다. 그는 관찰사로 하여금 직접 자세히 조사하여 아뢰도록 한 뒤에 임금께 아뢰어 처리하는 것이 어떻겠냐고 의견을 제시했다.

형조참판 홍수보洪秀輔와 형조참의 김노영金魯永은 윤덕규가 죽게 됨이 구타당한 지 38일 만에 있었다는 점, 윤침은 비록 양자로 가서 멀리 살고 있다고는 하나 할아버지와 아우가 모두 그 집에 있었으며, 즉시 관에 고발하지 않고 7일 뒤에야 비로소 고발장을 제출했다는 점에 의문을 품었다. 하지만 윤덕규가 기어가다시피 몸소 관에 나가 소장을 올렸고, 이로 인해 관아에서 윤태서를 붙잡아두었다는 점, 윤침·윤항 등이 원한을 쌓고 기회를 노려 배를 가르고 간을 씹은 점 등을 들어 윤덕규가 구타당해 죽게 됐으며, 이 때문에 아들들이 복수를 한 일이었다고 결론지었다.

윤덕규의 죽음이 윤태서 형제의 폭행치사인 것으로 형조의 결론이 나자 정조는 다음과 같이 말했다.

"비록 그 죄는 고발하지 않았다 하더라도 오히려 법에 의하지 않고 제멋대로 죽인 것은 아닐 뿐만 아니라 검관의 모호하고 분별되지 않는 태도는 대단히 조리가 없고, 수령의 억누름은 또 보통의 인정에 어긋난다. 조정에서 관찰사를 널리 설치함은 사방을 다스리는 왕명을 맡기고 풍속과 교화를 관장하게 하려 위함이다. 도내에서 이와 같은 원통한 일이 있음에도 짐짓 모른 체하여 범인으로 하여금 요행이 죄가 없이 벗어나게 했고 두 사람을 도리어 엉뚱하게 걸리게 했으니 정상은 가엾고 법에도 부당한 일이다."

『증수무원록』 복검조. 조선시대에 살인 사건이 나거나 변사체가 발견되었을 때 가장 먼저 행하던 것이 검시다. 검시는 『증수무원록』에 나온 규정을 따라 시체의 외부를 살펴 사인을 판정하는 일을 말한다. 의심스러울 때는 초검을 하고 복검을 재차 시행했는데, 이때 복검관은 초검의 기록을 보지 않은 상태에서 시체를 살펴보게끔 되어 있었다. 초검과 복검의 결과가 일치해야 사건이 종결될 수 있었다.

정약용은『흠흠신서』에서 이 사건에 대해 서자 윤태서의 범행에서 주목했어야 할 것으로 성기를 뽑은 행위를 지적했다. 그는 적자를 능욕한 것도, 엄지손가락을 꺾은 사실도 대수롭지 않게 생각했고 오직 성기를 뽑은 사실만이 실제 범행이 되는 것이라고 보았다. 정약용은 윤침이 고발할 때 아버지가 죽게 된 원인을 성기와 불알을 뽑았기 때문이라고 했다면 검관은 이를 더듬어 문질러보고 물로 씻어 그 부어오른 것을 살폈을 것이고, 결국 그것을 사망 원인으로 판단했을 것이라고 지적했다.

팔다리나 몸이 부러지거나 뼈가 부러지고 물려서 다친 곳이 덧났다면 이에 대한 보고기한은 늘어나 50일이 됐다. 법전에는 60일에 이른다고 규정돼 있었다. 팔다리나 몸통의 경우도 이런데 하물며 성기에 있어서는 그 보고기한이 더 늘어날 수도 있었다. 그렇게 되면 윤덕규의 죽음은 병사가 아니라 폭행치사로 살인 사건이 성립돼 법의 판결을 받았을 것이다. 하지만 윤항은 이러한 사실들을 알지 못한 채 잔혹한 복수만을 앞세웠다. 정약용은 윤항 사건에 대해 다음과 같은 자신의 의견을 말했다.

"복수란 갚는 것입니다. 목숨으로 보상하면 됐지 또 무엇을 구하겠습니까. 배를 째고 창자를 꺼낸 짓은 잔인하고 비참한 일이요, 창자를 허리에 두르고 피를 묻히고 소문이 퍼지도록 한 것은 놀랍고 이상한 짓입니다. 국법을 고찰해봐도 이와 같은 잔학한 형벌은 없습니다. 이 점에 대해서는 징계가 없을 수 없습니다."

이 사건에 대해 정조는 관찰사의 직무 태만과 조사관과 수령의 그릇된 판결을 지적하며, 해당 관찰사 심이지를 처벌할 것을 명했다. 우선 서면으로 심이지의 죄를 묻고 진술을 받아 중벌에 처하라고 지시했다. 서자 윤태서는 '폭행치사'의 죄로 다시 옥에 가둘 것을 명령했다. 또한 전라도 감영에서 올린 기록을 낱낱이 열거해 멋대로 결정한 경위를 거듭 물어 빠른 시일 안에 장계로 아뢰도록 명했다.

정조는 윤침·윤항 형제는 보증인을 세우고 석방하게 했다. 아무리 복수라지만 엄연한 살인인 데다가 그 방법이 잔혹하기 그지없는 행위에 석방이라는 판결이 내려졌다는 것은 효에 대한 조선시대의 인식을 다시 한번 명확히 환기시켜주는 대목이다.

법에 대한 무지가
민간의 사적 응징을 부른다

이 사건은 초검·복검의 결과 윤덕규의 죽음을 병사로 결론지어 윤태서·윤언서의 죄를 면하게 했으나 윤임현의 격쟁으로 인해 형조로 사건이 올라간 후 형조의 당상관들에 의해 폭행치사로 판명났다.

대개 향촌의 백성들은 양반이나 상민을 막론하고 형사 사건의 조문을 잘 알지 못했다. 무엇을 다친 곳이라 하는지, 죽은 원인은 무엇인지, 주범이 누구이며, 종범이 누구인지, 보고기한이 무엇인지 등을 알지 못했다. 윤항의 경우도 다만 아버지가 윤언서 때문에 죽었다는 유언을 듣고 아들이 당연히 원수를 갚았을 뿐이었다.

만일 윤침·윤항 형제가 조금이라도 형법을 알아서 고발 시기에 맞게 윤태서 형제를 고발하고, 사서삼경을 공부하듯이 법을 알았다면 자신들이 원수를 직접 죽이지 않더라고 아버지 윤덕규의 죽음은 살인 사건으로 성립되어 처벌받았을 것이다.

가만히, 뚫어지게, 죽은 이의 상처를 보라

조용한 시골 마을을
발칵 뒤집은 두 건의 살인

사건 07

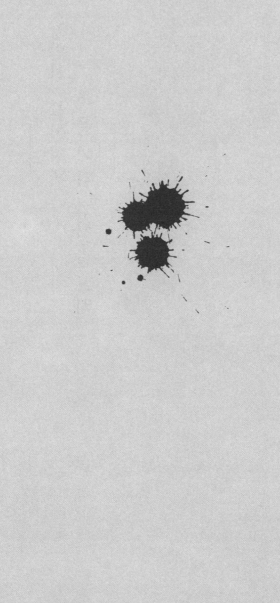

1790년(정조 14) 황해도 수안군. 같은 마을에서 두 명의 사람이 연이어 죽게 된 충격적인 사건이 발생했다. 피살자는 최주변과 민성주. 먼저 최주변이 죽고 얼마 후 민성주가 최주변의 아내 안조이安召史*에게 다듬이 방망이로 여러 차례 얻어맞은 뒤 칼에 찔려 사망했다. 남편을 위한 아녀자의 매서운 복수극에 대한 소문은 곧바로 황해도 전역에 퍼져나가면서 사람들 사이에 화제가 되었다. 안조이는 무엇 때문에 연약한 여자의 몸으로 민성주를 살해했을까.

구타 후 한 달 만에 죽은 최주변
동료 민성주의 살인으로 결론

조용한 시골 마을에서 연이어 두 명이 살해되는 일이 발생하자 수안

* 조이召史는 이두식 표기이며 조선시대 상민 부인을 부르는 칭호로 쓰였다. 양반대가의 부인들은 ~씨로 불렸다.

군수 남속南涑은 서둘러 검험을 지시했다. 그는 서리와 의생, 오작인들을 거느리고 살인 현장에 도착해 사건 관련자들의 진술과 함께 시체를 살펴보기 시작했다. 민성주를 살해한 안조이는 남편의 원수를 갚은 것뿐이라며 자신의 범행 이유를 자백했다. 겉으로 보기에도 안조이의 말이 사실인 것 같지만 살인 사건은 경솔히 판단할 수 없는 것이었다. 원래 복수 살인극은 반드시 원수가 맺어진 원인을 거슬러 살펴야 했다. 반드시 갚아야 할 원수라면 갚은 자에게 죄가 없지만, 원한관계인지 의심스러운데도 원수를 갚았다면 죄를 받아야 했다.

초검관 남속은 민성주가 최주변을 죽인 원인을 살피는 데 수사의 초점을 맞췄다. 우선 최주변의 시체부터 꼼꼼히 살펴봤다. 최주변이 민성주에게 구타당하고도 한 달을 견뎠는데, 혹 안조이가 구타의 흔적을 꾸민 것일 수도 있기 때문이다.

조선시대에는 피의자에게 뇌물을 받기 위해 병으로 죽었음에도 불구하고 구타를 당해 죽은 것처럼 위장하는 경우가 종종 있었다. 가장 흔한 수법으로는 대나무 꼬챙이를 불에 태워 몸을 지지면 살이 타서 검은 흔적이 생기는데, 이것이 꼭 멍든 상처와 유사했다. 이런 경우 상처는 엷은 빛을 띠면서 붓지 않았고 검붉거나 단단하지 않았다.

물건이나 주먹, 발로 구타당한 상흔을 검험하는 데는 그 흔적의 길이, 모난 것, 둥근 것을 상세히 판별해야 했다. 시체를 씻기 전에 물을 뿌려 적셔두고 파의 흰 뿌리를 짓찧어 바른 후에 식초와 지게미로 덮어 한 시간쯤 기다렸다가 제거하고 물로 씻어내면 상흔이 곧바로 나타났다.

검험을 돕는 오작인들은 먼저 시신에 있는 때와 기름기를 조협皂莢*

을 끓인 물로 닦아냈다. 닦아낸 최주변의 시신에는 여섯 군데의 상처가 있었다. 검시관들은 상처의 크기를 측량했다. 죽은 최주변은 왼쪽 복사뼈 밑으로 칼날에 베인 흔적이 있었는데, 그 구멍의 길이가 1촌 3푼 정도였으며, 깊이는 9푼이었다. 상처의 주위는 약간 딱딱했으며 고름과 피로 엉겨 구멍이 막혀 있었다.

시체 앞면으로는 왼발 정강이와 왼쪽 발목, 발등이 다쳐서 꺼진 곳이 있었으며, 무릎 관절, 왼발 복사뼈, 왼쪽 발등 뒤에도 다쳐서 움푹 꺼진 곳이 있었다. 이 여섯 군데 상처는 주로 왼쪽 발에 치우쳐 있었으며, 크기는 균일하지 않았다. 상처의 깊이도 깊은 것이 있는 반면, 얕은 것도 있어 불규칙했다. 모두 앞면과 마찬가지로 주위가 약간 딱딱하고 고름과 피로 뒤범벅이었다.

남속은 민성주가 최주변을 칼로 찔러 죽인 것으로 최종 결론을 내리고 검안에 사망 원인을 피자치사被刺致死라고 기록했다. 이로 인해 자연스럽게 안조이의 살인은 '남편을 죽인 원수에 대한 아내의 복수'로 인정되었고 그녀는 바로 석방됐다.

복검관 곡산부사 정약용·
칼자국에 대한 재해석

2차 검시인 복검이 실시됐다. 복검관은 이웃 마을의 수령 곡산부사

---

* 콩과인 주엽나무의 열매. 먹으면 위점막을 자극하고, 항균 작용을 하며 중추신경을 마비시키기도 한다.

다산 정약용이었다. 정약용은 '신중하고 신중해라'는 자신의 형법철
학을 통해 복검을 실시했다.

최주변의 시체는 칼자국이 여섯 군데 있었으며, 다리에는 굵은 상처
가 많았다. 정약용의 눈에 가장 크게 들어온 것은 칼에 찔린 복사뼈 상
처였다.

『무원록』에 기재된 칼에 의한 상처

예리한 물건에 상해를 입어 사망한 자를 검험할 때는 반드시 원래 입고 있던 의상
의 파손 유무를 살펴보아 의복에 찍혀 있는 핏자국에 은밀히 견주어보면 징험할 수
있을 것이다.

칼이나 창날 등에 찔린 시체를 검험하는 경우, 반드시 시체가 어느 곳에서 어느 방
향을 향하고 있었는지, 어떠한 의복을 입었으며, 의복 위에 핏자국이 있는지, 상처
의 길이, 너비, 깊이의 촌푼과 살을 파고들었는지, 혹 창자가 나왔는지를 모두 설명
하고 치명처를 정한다.

관련자의 증언 심문이 이루어졌다.

그러나 여기에는 의문점이 많았다. 우선 범행 동기부터 증인들의 말
이 달랐다. 죽은 최주변의 아내 안조이는 "쌀 때문에 시비가 생겨 싸움
이 벌어졌다"고 진술했다. 최주변과 민성주가 마을의 창고지기였기
때문에 창고에 가두어둔 쌀 문제로 시비가 있었다고 말한 것이다. 반
면 민성주의 아내 신조이辛召史는 죽은 두 사람이 "바지를 벗고 희롱
하는 장난을 치다가 싸움이 났다"고 증언했다.

범행 방법에 대해서도 두 여인의 증언은 엇갈렸다. 한 사람은 싸움

을 계속 주장했고 다른 한 사람은 장난이 지나쳤을 뿐이라고 말했다. 안조이는 "칼끝으로 찔려서 칼 독이 깊이 들어갔다"고 했으며, 신조이는 "칼날을 옆으로 하고 때려서 살갗을 작게 다쳤다"고 진술했다. 아울러 신조이는 칼에 의한 살해가 아니라고 주장했다. 누구의 말이 진실일까. 정약용은 두 여인의 표정을 유심히 관찰하고 있었다.

죽은 자는 말이 없다
그러나 시체는 말을 한다

장난과 싸움은 행동하는 마음가짐이 완전히 다른 것이다. 또한 찌른 것과 때린 것은 죄질의 차이가 크다. 이 두 가지 의문이 어느 쪽으로 기우느냐에 따라 복수극을 펼친 안조이가 유죄인지 무죄인지 판별되는 것이기 때문에 정약용은 이 부분을 명확히 밝혀내야 했다. 하지만 그는 곧 이 사건에 의구심이 들기 시작했다.

생각할 시간이 필요했다. 그러나 생각은 계속 꼬리를 물기만 할 뿐 출구를 찾지 못했다. 결국 그는 『무원록』의 지침에 따라 범행 당시를 재연해보기로 했다.

두 여인의 증언에 의거하여 칼을 정면으로 찔렀을 경우와 눕혀서 찔렀을 경우를 대조해보았다. 먼저 마주앉아 오른손에 칼을 잡고 상대방을 정면으로 찌르면 칼은 피해자 최주변의 정강이에 바로 닿았다. 복부보다 정강이가 빨랐다. 하지만 민성주 아내의 증언에 따라 칼을 눕혀서 옆으로 때리면, 칼날은 최주변의 복사뼈 주변에 닿았다. 칼을 눕

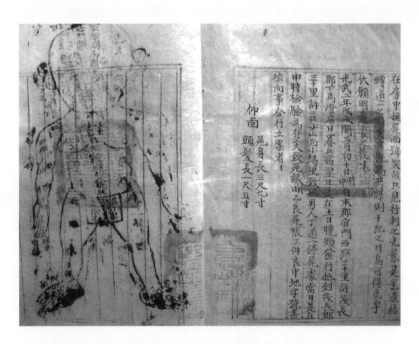

조선 말기에 발생한 강문회 살인 사건의 실제 시형도. 칼에 찔려서 죽은 경우로 왼쪽 옆구리 부위와 허벅지 부위에 검게 칠한 부분이 상처가 난 곳이다. 시체의 모형은 『증수무원록』에 실려 있는 인체 도를 그대로 따라서 그렸음을 알 수 있다. 정수리 부분에 心頂이라고 표기된 게 흐릿하게 보이는데, 인체 주요 부위의 이름도 표기하고 있다. 원래 시형도는 목판으로 제작해 종이에 찍은 후 사용하도록 했지만 불가피한 경우 손으로 그리기도 했다. 이 책에 실린 사건들의 경우 조사관이 흉기의 모양을 직접 그리는 모습을 자주 볼 수 있다.

혀서 때리려면 먼저 팔을 오른쪽으로 빼야 하고 빠져나갔다가 가로로 육박해 들어가는 칼등이 닿는 곳은 정확히 복사뼈였다. 반면 정면에서 찌를 경우 칼끝과 복사뼈의 거리는 너무 멀었다. 최주변의 검시 결과 칼자국은 왼쪽 복사뼈 아래에 있었으니 정약용은 칼날을 옆으로 눕혀서 때린 것이 분명하다고 생각했다.

이는 상처의 크기에서도 증명이 됐다. 만일 왼쪽으로부터 곧바로 찔렀다면 칼끝이 꽤 깊이 들어갔을 것이다. 그런데 최주변의 상처의 깊이는 1~2푼에 지나지 않았다. 반면 시신에 난 상처의 길이는 1촌 3푼이나 됐다. 정약용의 관찰에 따르면 그 상처는 찔러서 난 자창이 아니라 베인 상처였다. 칼에 찔린 구멍도 살갗이 터져 피가 나온 정도에 지나지 않았고 애초에 뼈가 다쳐 골수가 드러나지도 않았다. 따라서 이것 때문에 죽게 된다는 것은 이치에 맞지 않았다. 그렇다면 초검관의 조사와 달리 민성주는 최주변을 칼로 찔러 죽인 것이 아닌 게 된다.

"벽을 사이에 두고 신조이가
깔깔 웃는 소리가 났습니다."

정약용은 다시 관련자들을 심문했다. 동료 창고지기 구월봉과 창사령倉使令 김동이가 증인으로 채택됐다. 구월봉은 민성주의 일을 자세히 보았고, 김동이는 최주변의 말을 두 번이나 들었기 때문이다. 창사령 김동이는 "벽을 사이에 둔 방에 앉아 있었으나 싸우는 소리를 듣지 못했다"고 말했다. 싸웠다면 허술한 바람벽을 뚫고 무슨 급박한 소리라도 들려왔어야 했는데 그런 낌새는 전혀 못 느꼈다는 것이다. 창고지기 구월봉은 "그때 신조이가 깔깔거리며 크게 웃는 것을 눈으로 보았다"고 증언했다.

여기서도 이상한 점은 싸우다 사람이 칼에 찔렸는데 어찌 깔깔거리며 크게 웃을 수 있냐는 것이다. 정약용은 이미 최주변이 살아 있을 때 직접 "장난을 치다가 다치게 됐다"고 말하는 것을 들었다고 하는 민주변의 아내 신조이의 진술을 확보해둔 상태였다.

나중에 밝혀진 사실이지만 사건 당시 최주변과 민성주는 바지를 목에 걸고는 이를 임금이 정무를 보거나 조칙을 내릴 때 쓰던 '통천관[通天冠]'이라 부르며 서로 장난을 쳤으며, 또 성기를 드러내고 불기를 치며 '공상의 벌[恭牀之罰]'이라 소리치며 놀고 있었다. 따라서 둘이 서로 장난을 치다가 다쳤다는 말은 사실이었다.

피 묻은 버선의 진실
최주변이 앓던 지병 탓

둘째, 최주변은 다친 후 1개월 동안 집안일을 하며 생활했다. 만약 이 사건이 싸움에서 빚어진 것이라면 서로 원망하고 미워해 즉시 민성주를 관아에 고발했을 텐데 그렇게 하지 않았다. 최주변은 다친 지 며칠이 안 되어 창고에 나와 혼자 쌀 여러 말을 운반했으며, 이엉을 져서 창고로 옮겨 싣는 등 평소와 다름없이 일을 했다.

만약 최주변이 민성주에게 심하게 얻어맞았다면 이렇게 일을 할 수 있었을까. 정약용은 이를 근거로 민성주의 손찌검이 매섭지 않았고 칼날의 독이 깊지 않았다고 잠정적인 결론을 내렸다.

셋째, 피해자 최주변의 피 묻은 버선이 이상했다. 버선 안팎으로 피가 묻었지만 찢어지지 않았던 것이다. 만약 복숭아 뼈가 칼에 의해 찔렸다면 당연히 신고 있던 버선도 찢어져야 했다. 그런데 버선은 피만 묻었지 찢어지지 않은 것이다. 살아 생전 최주변은 몸의 여기저기에 종창이 있었다. 정약용은 시체를 살펴보면서 이 부분을 유심히 봐두었다. 즉, 버선의 핏자국은 종기를 앓던 곳을 칼등으로 얻어맞아 터지면서 묻은 것으로 추정됐다.

이러한 여러 정황들은 최주변의 상처가 싸움에서 발생한 것이 아니라 장난을 치다가 생겨난 것임을 명백히 증명해주었다. 시체 검험서에서 다친 상처는 모두 여섯 군데였지만 상처의 크기나 깊이로 보아 민성주가 최주변을 찌른 것이라고 보기는 어려웠다.

안조이가 비록 남편 최주변의 상처를 '쉣독이 퍼지고 부스럼의 독기가 번져서 그런 것'이라고 진술했지만, 『무원록』의 칼에 다친 조문과 의서醫書의 금창조金瘡條를 살펴봐도 독이 퍼지고 번진다는 증세를 말한 바가 없었다. 또한 칼로 다친 상처는 뱀에 물려 다친 것과 달랐고, 쇠붙이로 다친 것은 곪은 부스럼과 같지 않았다. 따라서 '퍼지고 번졌다'는 안조이의 말은 이치에 맞지 않았다.

칼에 다친 부스럼은 덧나지 않게 따뜻한 방에서 조리하면 괜찮았다. 그런데 최주변은 바람을 쐬고 찬 기운을 쐬어 혈관을 더 다쳤고, 무거운 물건을 지고 일을 했기 때문에 힘줄과 핏줄이 억눌려 부스럼의 독기가 풀리지 않아 사망한 것으로 보였다.

결국 정약용은 최주변 피살 사건은 희롱에서 나온 것이며, 칼로 인한 상처를 치료하지 않아서 죽은 병환치사로 결론지었다.

살해당한 민성주의 검험
여자 혼자서 셋을 당할 수 있나

최주변의 죽음을 병사로 결론낸 정약용은 다시 안조이에게 살해당한 민성주의 시체를 검험했다. 민성주는 왼쪽 이마 모서리의 살점이 손상됐으며, 왼쪽 눈썹 모서리의 뼈가 부서졌다. 또한 오른쪽 귓바퀴는 껍질이 벗겨져 떨어져나갔고 오른쪽 턱 밑의 살점이 터졌다. 이 상처들은 모두 다듬이 방망이로 얻어맞아 생긴 것이다.

상처의 모든 부위는 생명과 관련된 급소였다. 여기에 더하여 안조이는 민성주의 목을 칼로 찔렀다. 목구멍과 숨구멍에 2촌 4푼 정도의 칼에 찔린 상처가 보였다. 목은 얼굴에 비해 더욱 중요한 급소 부위였으며, 칼은 다듬이 방망이와 비교할 때 더 예리하고 치명적인 흉기다. 따라서 민성주의 직접적인 사망 원인은 몽둥이에 의한 구타가 아니라 칼에 찔린 것이었다.

민성주가 안조이에 의해 살해당할 당시 아들 민소백 부부가 그 광경을 목격했다. 이들은 안조이의 범행을 목격한 사람은 자신들밖에 없다고 진술했으며, 안조이 또한 스스로 혼자 범행한 일이라고 했다. 그러나 곧 거짓임이 드러났다.

안조이가 혼자 범행했다면 어떻게 유족인 민소백 부부를 민성주를 죽이기 전에 묶었으며, 또한 민성주는 이것을 가만히 보고 있었겠는가. 당시의 정황상으로도 안조이의 진술이나 민성백 부부의 증언은 여러모로 모순되는 부분이 많았다. 이는 곧 공모한 자가 있었음을 말해주는 것이었다.

정약용은 즉시 민소백 부부를 심문했으며, 그 결과 최청오와 이호걸이라는 사람이 민성주 살해에 참가했다는 자백을 받았다. 이들은 안조이와 함께 들어와 먼저 민소백 부부를 묶은 후 다시 민성주를 묶었다.

하지만 최청오와 이호걸은 공초 과정에서 민성주는 묶지 않고 다만 민소백 부부만을 묶었다고 진술해 민성주 살해에 대한 방조죄에서 벗어나려 했다. 정약용은 이들을 살인공모죄로 모두 칼을 씌워 엄중히 가둘 것을 명령했다.

마찬가지로 민소백 또한 처벌을 받았다. 비록 팔이 묶였지만 더러는 몸으로 가릴 수도 있었고, 다리로 막을 수도 있었으며 눈으로 직접 아버지가 살해당하는 것을 보고도 사람 살리라는 소리도 치지 않았기 때문에 자식의 도리를 다하지 못했다고 할 수 있어 엄중히 처벌할 것을 명령했다.

최주변, 민성주 살인 사건에 대한 정약용의 복검 의견서는 다음과 같다.

"만일 안조이가 스스로 원수를 갚지 않고 법에 따라 관아에 고발했더라면 이 살인 사건을 다스리는 자가 반드시 칼에 찔려 죽었다 했겠습니까. 반드시 목숨으로 보상시켜 징계했겠습니까. 처음부터 이런 의심을 가졌다면 함부로 사람을 죽인 안조이의 죄가 없다고 하지 않았을 것입니다.

조선시대 관아에서의 재판과 처벌 장면. 방에서는 수령이 비스듬히 앉아 명을 내리고, 이방이 마루에서 이를 받아적고 있다. 마당엔 좌우에 관리들이 늘어서 있고 죄인이 한참 볼기형을 당하고 있다. 칼을 쓰고 차례를 기다리는 모습, 이제 막 잡혀서 머리를 붙잡혀 끌려오는 모습 등 당시의 상황을 생동감있게 재현하고 있다.

이러한 길이 한번 열리면 뒤에 따르는 폐단은 끝이 없을 것이며, 윤리를 손상하는 의협義俠은 법으로 허용될 일이 아닙니다. 목격한 증인 이하 각기의 사람도 그대로 가두고 기다리며, 두 시체 검험서 각 3건에 일련번호를 매기고 계인契印을 찍어 각 1건은 유족에게 주고, 각 1건은 수령에게 올리고, 각 1건은 첨부하여 형조로 올려 보냅니다. 또한 두 시체는 재검까지 거쳤으므로 곧 매장하도록 하는 것이 타당할 듯하며, 범행에 쓰인 칼과 다듬이 방망이의 모양을 그려 상급 관아에 보냅니다."

황해도 수안의 살인 사건은 복수라는 명목으로 안조이가 민성주를 살해한 경우다. 조선시대에는 가족이나 친족들에 의한 복수 살인이 공공연히 행해졌으며, 국가에서는 이들의 처벌에 관대했다. 따라서 민중들은 복수를 핑계로 자신과 원한관계의 사람을 살해하는 경우가 많았다. 자연히 이로 인한 소송이 증가했고, 국가에서는 이를 막기 위해 상호 원한관계가 형성되는지를 정확히 파악해야 했다.

검험관의 정확한 검험은 민의 생사生死를 결정짓는 것이며, 원한이 생기지 못하도록 막아줬다. 따라서 정조는 백성의 목숨을 중히 여기고 형옥을 신중하게 하기 위해서 옥안獄案 작성의 중요성을 강조했으며, 이와 함께 옥안의 세심한 검토를 요구했다.

정약용은 옥안의 문자 하나에 사람의 생사가 달려 있었기 때문에 국가의 문자 가운데 가장 어려운 것이 '옥안'이라고 지적했다. 정조 역시 옥안을 살피는 것을 경서經書 읽는 것에 비유하며, 전혀 의심할 것이 없는 곳에서도 다시 의심을 가진 뒤에 살펴보도록 했다. 이는 사망 원인과 사증詞證이 모두 갖추어진 옥안일지라도 꼼꼼히 따지고 분석해

살릴 만한 단서를 찾아 죄인에게 있어 원통함이 없게 하려는 이유 때문이었다.

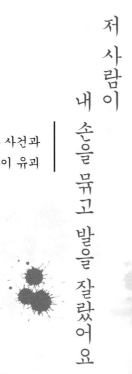

저
사
람
이
내 손을 묶고 발을 잘랐어요

용산강 여아 사건과
조선후기의 어린아이 유괴

사건 08

1533년(중종 28) 한성부 서부 용산강龍山江 근처 무녀의 집에 5~6세 되는 어린 여자 아이가 발이 잘려진 채 버려져 있었다. 갑사甲士 김귀성의 집 근처 공터였다. 집에서 나오다 이 충격적인 사태를 당한 김귀성은 곧 서부西部*에 나아가 알렸으며, 서부에서는 한성부에 서면으로 보고했다. 서부의 첩정을 받은 한성부는 즉시 왕에게 보고한 후 사건 현장으로 관원을 파견했다.

　　아이는 그때까지 죽지 않고 살아 있었다. 한성부 관원이 이름을 물어보자 아이는 자신의 이름이 개춘開春이라고 대답했으며, 자기 오라비는 어리가이於里加伊라고 말했다. 한성부 관원은 다시 "누가 너의 발을 잘랐으며, 무엇으로 잘랐느냐" 하고 물으니 아이는 "나를 업고 가면 발을 자른 사람의 집을 가르쳐줄 수 있다"고 했으며, "칼로 자르며 죽어라 죽어라고 했다"고 대답했다.

　　아이의 말을 들은 한성부는 범인이 도피하기 전에 수색하고 체포할

---

* 조선시대 한성부의 중부, 북부, 동부, 서부, 남부 등 5부의 행정 구역 가운데 하나.

것을 왕에게 청했다. 이에 중종은 "아이를 치료하지 않으면 반드시 죽을 것이니 신중히 간호하여 죽지 않게 하고, 속히 포도부장을 불러 체포하게 하라"고 지시했다.

다음날 한성부는 아이의 신원을 조사해 의심스런 사람들을 잡아들였다. 먼저 사비私婢 한덕漢德이 그 아이를 데리고 있었다는 이유로 잡혀왔다. 그녀는 초사에서 다음과 같이 말했다.

"정월 초에 상전의 집을 왕래하다가, 허리 아래에 동상이 걸리고 부종이 있는 어린아이가 길에 버려진 것을 보았습니다. 저는 자식이 없기 때문에 집에 데리고 가 밤을 지냈는데, 주인이 더러운 아이를 데려왔다고 꾸짖으므로 다음날 다시 길에 버렸습니다. 그후에 들으니 이웃 중에 대궐에서 나와 사는 사람이 데려갔다가 그 집에서 또 버린 것을 김별좌金別坐의 종 연수連守가 데리고 갔다고 했습니다. 아이의 발이 잘린 연유는 듣지 못했습니다."

아이는 사비 한덕이 키우려고 주워왔다가 상전의 반대로 다시 버려졌으며, 그후 여러 사람의 손을 거치며 버려지기를 반복했던 것이다. 한덕과 같은 집의 여종 봉비奉非와 입사리入沙里 등 네다섯 명도 조사를 받았는데, 모두 진술에서 발이 잘린 아이는 한덕의 수양딸이며 함께 사는 것을 봤다고 진술했다.

한덕과 관련된 주위 사람들이 조사관에게 추문을 받고 있을 때 한성부로 한 여자가 급히 들어왔다. 여종 중덕仲德이란 자로 아이를 보더니 자신이 잃어버린 자식이라고 주장했다.

지금도 전혀 없진 않지만 조선시대에는 버려지는 아이가 많았고, 미아 사건도 많이 일어났다. 먹고 살기 힘든 집에서 아이를 놓고 이사를 가버리는 경우도 있었고, 어린아이를 유괴해서 죽이고 그 신체 일부를 약으로 쓰는 범죄도 빈번히 일어났다. 그림에서 보이는 부인과 아이의 행복한 모습이 마치 깨지기 쉬운 거울처럼 다가온다.

"이 아이는 옥가이玉加伊입니다. 지난해 9월 29일 뜻하지 않게 잃어버렸는데, 이달 17일에 발이 잘린 아이를 업고 가더라는 말을 듣고 우리 부부가 쫓아와봤습니다. 지금 보니 과연 옥가이가 맞습니다."

발 잘린 여아의 이름은 자신이 알고 있던 개춘이 아니라 옥가이였으며 생모는 중덕이었다. 한성부에서는 한덕과 중덕 둘을 놓고 아이에게 다시 "너의 발을 자른 사람이 누구냐"고 물었다. 그러자 아이는 곁에 앉아 자신에게 죽을 먹이던 한덕을 가리켰다.

"수양모 한덕이 손을 묶고
내 발을 잘랐어요"

중종은 아이의 두 발을 자른 것은 비록 죽이지 않았어도 그 마음은 죽인 것과 같다고 여겼다. 엄하게 사실을 가리고 처벌해야 할 문제였다. 왕은 의금부로 하여금 아이의 수양모 한덕을 추문하라고 명한 후 아이를 생모에게 보내라고 전교했다. 그러자 승정원이 아뢰었다.

"지금 한덕은 아이를 거두어 길렀다 하고 중덕은 생모라고 자칭합니다. 그런데 이상한 것은 두 집의 거리가 그다지 멀지 않은데도 아이의 소재를 알지 못했다는 것입니다. 그러니 지금 어떻게 중덕이 생모라는 것을 믿을 수 있겠습니까? 중덕과 함께 모두 가두는 것이 어떻습니까?"

중종이 아이를 생모에게 보내려고 했던 것은 낳은 어미로 하여금 성심으로 간호하게 할 생각 때문이었기에 다시 아이를 보호하고 있는 갑사 김귀성에게 진심으로 간호하여 죽지 않게 하라고 지시했다.

이 사건은 의문점이 많았다. 먼저 발이 잘린 여아는 "수양어미인 한덕이가 내 발을 잘랐다"고만 하고, 한덕은 "길가에 버려진 것을 거두어 기르다가 얼마 되지 않아 도로 버렸다"고 하니 두 사람의 말이 각기 달랐다. 그러므로 의금부에서는 아이를 다시 한번 한덕과 중덕이 있는 곳으로 데려가 '너를 기른 사람은 누구이며 너를 낳은 사람은 누구인가'를 묻기로 했다. 이렇게 하면 누가 죄인인지를 확실히 알 수 있을 것 같았기 때문이다. 하지만 아이는 같은 말만 되풀이할 뿐이었다.

사건은 갈수록 미궁에 빠져들었다. 우선 아이를 잃어버린 시점이 불확실했다. 생모라 하는 중덕은 "지난해 9월에 잃어버렸다"고 한 반면, 수양모 한덕은 "정월 초 10일 정도에 아이를 얻었다가, 주인이 꾸짖으므로 다음날 버렸다"고 답했다. 잃어버린 시기와 데려온 시기가 거의 5개월 차이가 났다. 그렇다면 이 아이가 5개월 동안 어디에 있었는지가 또 의문이었다. 한덕과 같은 집의 여종 입사리와 봉비도 아이를 정월 초에 봤다고 해 이들의 말은 일치했다. 흔비欣非의 초사에서도 정월 보름에 봤다고 했는데, 무녀 귀덕의 초사에는 정월 27일에 아이를 얻었다고 돼 있었다. 한덕의 초사에는 정월 10일경에 버렸다고 돼 있고, 무녀는 27일에 얻었다고 하니 한덕이 버린 이후에도 아이가 혼자 있었던 시간은 16일이나 되었다.

이처럼 진술자들의 말이 모두 달랐기 때문에 한성부의 낭관은 한덕과 반비 등 여인들을 모두 데리고 아이가 있는 곳으로 갔다. 그리고 나서 이들에게 모자를 씌운 후 아이에게 보이기로 했다. 이는 아이의 진술 가운데 "발이 잘릴 때 털모자를 쓴 사람을 봤다"는 내용이 있었기에, 털모자를 씌워 보여주면 기억이 돌아올까 기대해서였다. 낭관은 한덕을 비롯해 그와 동거하는 여종들에게 모두 털모자를 씌운 후 아이에게 가리키도록 했다. 그랬더니 아이는 처음처럼 한덕을 다시 가리켰으며, 낭관이 한덕과 중덕을 같이 앉혀놓고 다시 '어느 사람이 네 발을 잘랐는가?' 하고 물어도 또다시 한덕을 가리켰다.

계속해서 낭관은 무엇으로 발을 잘랐는지 물었다. 그러자 아이는 '칼'이라고 대답했으며, 여기에 덧붙여 "낮에 방 안에서 내 두 손을 묶고 솜으로 입을 막은 후 발을 잘랐다"고 진술했다.

서로 다른 진술
범인은 오락가락

하지만 아이의 말을 그대로 믿을 수 없는 정황들이 너무 많았다. 한덕은 자신은 결코 발을 자르지 않았으며, 내다버린 아이를 "대궐에서 쫓겨나 이웃에 사는 수은水銀이란 사람이 데려갔고, 그 뒤에는 손금孫今이 데려갔다고 주장했다. 이에 수은과 손금을 불러다 조사해보니, 수은은 "지난 정월에 종 영대英臺가 여자 아이 하나를 업고 왔는데 두 발이 동상에 걸렸고 형체도 더러워 버리라고 했습니다"라고 말했다. 손금 또한 "지난 정월에 여자 아이가 두발이 동상에 걸려 검게 부어오른 채 울고 있으므로 주인집에 데리고 왔으나 주인이 꾸짖으므로 곧 버렸습니다. 아이는 그 뒤 무녀 귀덕이 데리고 갔습니다"라고 했다.

이로써 한덕에게 버려진 후 무녀 귀덕에게 가기까지 16일 간의 아이의 행적이 밝혀졌다. 문제는 한덕에게 버려진 이후에도 비록 동상에 걸렸지만 아이의 발은 몸에 붙어 있었다는 점이다. 다시 한성부에서는 무녀 귀덕을 불러와 심문했다. 귀덕의 진술은 이러했다.

"정월 27일 어린아이가 두 발이 동상에 걸려 있으므로 데리고 집으로 왔는데 이달 초 5일에 발 하나가 동상으로 빠졌고 초 8일에는 또다른 발이 동상으로 빠졌습니다. 자질금者叱今과 을비乙非 등이 이것을 보았습니다."

귀덕에 따르면 아이의 발은 동상이 심해 5일과 8일에 저절로 빠졌다는 것이다. 그러나 자질금과 을비는 이러한 귀덕의 진술을 부정했다. 자질금은 "무녀 귀덕이 과연 아이를 데리고 와 살렸는데 그때는 두 발이 완전했으며 동상으로 빠졌을 때는 보지 못했습니다"라고 했다. 을비 또한 진술 과정에서 "정월 26일에서 27일쯤 귀덕이 두 발이 동상에 걸린 아이를 살리는 것은 봤지만 발이 빠졌을 때는 보지 못했습니다"라고 말했다.

이들의 말로 미루어보면, 귀덕이 아이를 데리고 있을 때 발이 있었으므로 한덕이 자르지 않은 것 또한 분명했다. 따라서 한성부에서는 귀덕을 주목하기 시작했다. 그녀와 자질금, 을비의 진술이 서로 어긋나는 부분을 집중 추문하기 시작했다. 한성부가 다시 무녀 귀덕을 데려와 아이에게 보이며 "너는 이 사람을 아는가?" 하고 물으니 아이는 안다고 고개를 끄덕였다. 하지만 "발을 자른 자가 이 사람인가?" 하는 물음에는 대답하지 않았다. 또 "이 사람이 너를 살렸는가?" 하는 물음에는 고개를 끄덕이며 인정했지만, "이 사람이 너를 데리고 갔을 때 네 발이 이미 잘린 채였는가?" 하는 물음에는 고개를 저었다.

의금부에서는 손금, 자질금, 수은, 을비 등의 말로 보아 한덕은 혐의가 없는 듯하여 풀어줘야겠지만, 아이가 분명히 자신의 발을 한덕이 잘랐다고 하므로 이러지도 저러지도 못했다. 하지만 네댓 살 된 어린 아이의 말만 믿고 형추刑推하는 것은 사체事體*에 맞지 않는 일이었다. 법률에도 '80세 이후와 10세 이전 사람의 말은 사실로 받아들여서는 안 된다'고 명시되어 있었다. 따라서 의금부에서는 아이의 발이 아직 잘리지 않았을 때 귀덕이 데리고 간 것은 명백하므로, 그녀를 먼저 형추했다.

동상으로 떨어져나갔나
칼로 잘랐나

오늘날에도 어린아이의 진술은 확실한 증언으로 인정되지 않듯이 조선시대에도 10세 이전의 아이의 말은 공변된 증언으로 받아들이지 않았다. 하지만 발이 잘린 여아는 특이하게도 다른 사람을 보이며 '이 사람이 네 발을 잘랐는가?' 하면 모두 '아니다' 하면서 유독 한덕을 지목해서 내 발을 잘랐다고 주장하니 이것을 완전히 무시할 수도 없는

---

* 사리事理와 체면體面을 아울러 이르는 말.

노릇이었다.

드디어 사건 수사에 의원까지 동원되었다. 중종은 칼에 잘린 것인지, 저절로 빠진 것인지를 의술에 능통한 의원에게 살펴 검사하게 했다. 의금부 도사 이창무李昌茂 등은 의원을 데리고 가서 발이 잘린 여자 아이를 살펴보게 했다.

의원의 말은 사건을 또다시 원점으로 돌려놓았다. 아이의 발은 칼로 자른 것이 너무나 분명하다고 했다. 그에 따르면, 동상으로 발이 빠진 경우 두 발의 복사뼈와 골구骨臼가 완전하며, 살은 썩어도 힘줄은 남아 있다고 한다. 그런데 이 여자 아이는 발이 끊어진 곳이 이와 달랐다. 복사뼈 위 정강이뼈 부러진 곳이 날짜가 오래되어 새살이 나고 살가죽이 줄어들었으므로 칼로 자른 것이 명백했던 것이다.

이에 귀덕을 여러 차례 매질해 자백을 받으려고 했지만 그녀는 끝내 말하지 않았다. 의금부와 왕은 난처했다. 무녀 귀덕은 자신의 죄를 자백하지 않았고 한덕이 발을 자르지 않은 것은 진술자들의 증언으로 확실한 것 같은데, 아이는 여전히 한덕을 자신의 발을 자른 범인으로 지목했다. 비록 네댓 살 된 아이라 하나 발을 자른 것은 물론 솜으로 입을 막은 상황까지도 분명히 말하고 있었다. 의원 또한 아이의 발은 칼로 잘라서 끊어진 것이라고 하므로, 중종은 아이가 다른 집에 가고 난 뒤 한덕이 쫓아가 몰래 자른 것이 아닌가 의심하고 의정부의 대신과 낭관을 불러 의논하도록 했다. 다음날 영의정 정광필이 아뢰었다.

"옥가이가 말한 것을 보면 발을 자른 것은 한덕이 한 짓 같습니다. 그러나 한덕의 집에서 나와 서너 집을 거치다가 마지막에 귀덕의 집에 이르게 되었는데, 두 발이 그때까지 있었고 단지 동상에만 걸렸을 뿐이었습니다. 귀덕 역시 분명하게 말하기를 자기 집에 이른 후에 두 발이 떨어졌고 그 것을 봤다고 증언한 자도 있으니, 한덕이 잘랐다는 것도 분명 아닙니다. 그러므로 단지 미욱한 아이의 말만 듣고 큰 옥사를 만드는 것은 부당한 듯합니다. 의심스러운 옥사는 굳이 밝혀내지 않더라도 해로울 것이 없을 듯합니다."

정승들은 빨리 사건을 종결짓고 싶어했다. 우의정 한효원도 "입을 막고 발을 잘랐다는 것은 네댓 살밖에 안 된 어린아이가 능히 꾸며낼 수 있는 말이 아니"지만 "자칫 의심스러운 옥사로 무고한 사람이 죽을 수 있다"는 취지로 아뢰었다. 결국 발이 잘린 어린아이 사건은 범인과 범죄의 원인이 밝혀지지 못한 채 종결되었다.

병의 치료를 위해
사람을 죽여 쓸개를 취하다

하지만 이와 같은 어린이 상해 사건은 조선시대에 끊임없이 발생했다. 1532년(중종 27)에는 한성부 반송방盤松坊에 거주하는 관찰사 유세침柳世琛의 열 살 된 아이종이 어떤 사람에게 산속으로 유인되어 두 손가락이 끊어진 채 발견됐다. 이 사건의 범인은 사료에 나타나지 않았으나 범행의 흔적을 없애기 위해 잔혹하게 아이의 온몸을 칼로 찔러 죽이려 했다. 다행히 아이는 죽기 직전에 사람들에게 발견돼 목숨은 건

어린이 상해 사건은 조선시대에 끊임없이 발생했다. 1532년에는 한성부 반송방에 거주하는 관찰사 유세침의 열 살 된 아이종이 어떤 사람에게 산속으로 유인되어 두 손가락이 끊어진 채 발견됐다. 다행히 아이는 죽기 직전에 사람들에게 발견돼 목숨은 건질 수 있었다. 1546년에는 한성부 남부 명철방에 사는 전 영춘현감 이성의 계집종이 세 살 된 아이를 잃어버렸다가 찾았는데 이때 아이는 오른쪽 손가락 두 개가 칼에 잘려 있었다.

질 수 있었다. 1546년(명종 1) 11월 25일에는 한성부 남부 명철방明哲坊에 사는 전 영춘현감 이성李誠의 계집종이 세 살 된 아이를 이달 9일 진시辰時(오전 7~9시)에 잃어버렸다가 미시未時(오후 1~3시)에 남학동 소나무 밑에서 찾은 사건이 있었다. 그런데 이때 아이는 오른쪽 손가락 두 개가 칼에 잘려 있었다.

이런 사건이 일어난 이유는 무엇일까. 당시 민간에서는 악질에 걸린 사람들이 손가락을 잘라 불에 태워 먹으면 효험이 있다는 미신이 성행했다. 실제 국가에서 효자로 표창한 사람들의 실례를 보면 이러한 민간요법을 통해 병을 고친 사람들이 많았다. 성종대 무안현務安縣 사람 자비自非는 남편 박기朴耆가 악질에 걸리자 스스로 왼쪽 손가락을 잘라 음지에 말려 가루로 만든 후 국이나 술에 타서 마시게 해 드디어 낫게 했으며, 안음현安陰縣 사람 박인손朴仁孫은 아비 박안중朴安重이 악질을 얻어 스스로 무명지를 잘라 술에 타서 올렸더니, 그 병이 곧 나았다고 했다. 충주에 사는 혜민서 참봉 하숙륜河叔崙 또한 어머니가 악질에 걸리자 다리 살을 베고 손가락을 잘라 불에 태워 약에 타서 드리니 병이 쾌차했다.

이러한 민간요법의 효험은 그러나 바람을 타고 과장되며 부풀려졌다. 악질을 치료하기 위해 산 사람의 간담과 손가락을 먹는 악습이 유행하기 시작한 것이다. 당시 양반을 비롯한 양인들이 주색酒色을 좋아하다가 음창淫瘡에 걸린 자가 많았는데 한 의관이 이르기를 "사람의 쓸개를 가져가 치료하면 그 병이 즉시 낫는다" 하므로, 많은 재물로 사람을 사서 죽이고 그 쓸개를 취하곤 했다.

특히 도성에는 동활인서東活人署 · 보제원普濟院 · 홍제원弘濟院 및 종

임진왜란을 겪은 직후 인심이 패악해 도둑이 사람을 죽여 쓸개를 빼내간다는 말이 떠들썩하게 전
국으로 퍼진 상태여서, 길에 사람들이 감히 혼자서 다니지 못하고 반드시 무리를 지은 후에야 다
녔다. 이런 양상은 날로 심해져 길에 다니는 사람이 뚝 끊겼으며, 농사까지 폐하게 될 정도였다. 이
처럼 길가에서 구걸하는 모습도 흔치 않았다. 이런 걸인들조차 모두 어디론가 사라지기 일쑤였다.

루鐘樓 등지로 걸인들이 많이 모여 떨어진 옷을 입고서 바가지를 들고 걸식하는 자가 많았다. 때마침 이러한 악습이 유행하다보니 걸인들은 그 대상이 되어 쓸개를 취하고자 하는 자에게 모두 살해되어서 길에 거지가 희귀해질 정도였다. 걸인들도 없어지자 이제는 평민에게 손을 뻗쳤기 때문에 여염집에서 아이를 잃은 자들이 매우 많았다.

선조대에는 간담肝膽이 창질에 효과가 있다는 낭설로 사람들이 죽자, 현상금을 걸어 체포하게 했다. 이때 경외의 사람들이 인육과 사람의 간담을 창질을 치료하는 약으로 쓰기 때문에, 흉악한 무리가 어린 아이를 인적 드문 곳으로 유괴함은 물론이고, 비록 장성한 남녀라도 혼자 길을 갈 때면 겁략해서 배를 가르고 쓸개를 꺼냈다. 특히 쓸개를 팔면 돈을 많이 쳐줬다. 이에 나무에 묶인 채 배가 갈린 자가 산골짜기에 잇달아 있어 나무꾼들은 나무하러 가기가 겁이 날 정도였다.

당시는 임진왜란을 겪은 직후라 인심이 패악해 도둑이 사람을 죽여 쓸개를 빼내간다는 말이 떠들썩하게 전국으로 퍼진 상태여서, 길에 사람들이 감히 혼자서 다니지 못하고 반드시 무리를 지은 후에야 다녔다. 이런 양상은 날로 심해져 길에 다니는 사람이 뚝 끊겼으며, 농사까지 폐하게 될 정도였다. 국가에서는 이러한 소요를 잡지 못한 좌우 포도대장을 파직하고 조심하라는 방榜을 걸어 고시告示하게 해 민심을 진정시키는 데 주력했다.

하지만 비이성적인 행태들은 조선후기와 구한말까지 계속 이어졌다. 창질을 고치려는 사람의 사주를 받고 무덤을 파헤쳐 죽은 아이의 팔을 잘랐고, 결국 아이를 유괴하기도 했다. 정조대 강원도 양양의 이재득李再得은 김조이金召史로부터 뇌물을 받고 그녀의 아들과 손자의 창질을 위해 김조이와는 육촌인 전재팽의 아이 무덤을 파서 왼쪽 팔을 잘라주었다. 순조대에는 무교武橋 노변에서 세 살 된 영아를 유괴하기도 했다. 범인인 서금록徐今祿은 원래 수원 남문 밖에서 거주하며 농업에 종사하다가, 처가 죽은 후 혼자 상경해 효경교에 사는 엿장수 한만득의 집에서 고용 노동꾼으로 일하고 있었다. 그는 두 다리가 수종水腫*에 걸려 오랫동안 치료했지만 효과를 보지 못하자, 어린아이의 피가 악질에 좋다는 말을 듣고 술에 취해 돌아오는 길에 아이를 유괴했다.

이런 사건들은 모두 어린아이의 신체 일부를 훼손해 이를 자신이나 가족의 질병에 이용하려 한 것이다. 범행의 동기는 미신이었다. 조선의 민간에서 무속은 예언의 기능과 구병救病의 기능, 때로는 유희의 기능까지 겸한 만병통치약이었다. 그 가운데에서도 예언과 구병의 기능은 많은 영향을 미쳤다. 사람들은 조금만 이상스런 일이 발생하면 곧 이 사실에 대한 무속인의 예언을 얻으려 했고, 상하 계층을 막론하고 질병에는 언제나 무속인을 불러들여 그로 하여금 질환을 치료하게 했다. 이들은 치료를 위해서라면 무인의 말만 믿고 엉뚱한 치료를 하기도 했다. 살아남기 위한 본능으로 산 사람의 간담과 손가락을 취하고 오작인과 걸인에게 많은 값을 주고 사들이기도 했다. 무지無知로 인해 빚어진 범죄 행위였다.

---

* 체강體腔 안에 물이 괴어 몸이 붓는 병.

강도로 변한 농민들 서울의 대혼란을 야기하다
-인구의 서울 유입으로 인한 생계형 범죄들

농촌 인구의 도시 유입은 16세기 이래 점진적으로 늘어났다. 특권층이 토지 점유를 계속 확장하니 농토를 잃은 농민들이 농사를 작파하고 하나둘 도시로 모여든 것이다. 이후 전란이나 기근, 전염병으로 인한 재해, 국가의 조세 수탈 등 삼정 문란으로 서울로 올라가는 줄은 더욱 늘어났다. 서북과 관동지방, 경기, 황해와 강원지역의 유민들이 모두 한성부로 몰려들어 인구 압박을 부추겼다.

도시지역에서의 경제성장은 농촌에서 분출된 인구를 값싼 노동력으로 수용하고 있었다. 한성부는 왕도였던 까닭에 상업 구조가 다른 지역에 비해 일찍부터 발달했고, 이에 부응해 수공업도 발전했다. 그러다보니 벌어먹을 수 있는 방법이 향촌보다 다양해 먹고살기 힘든 사람들의 이탈 심리를 부추겼다.

"저는 본래 강원도 평강 사람으로 금년 2월쯤 집안 식구들을 거느리고 상경하여 동숙서식東宿西食하다가 다행히 배가裵哥의 낭저廊底에서 임시 거주하게 된 것이 이제 보름 정도에 불과합니다. 담부擔負를 생업으로 삼아 아침에 나갔다가 저녁에 들어옵니다."(『우포도청등록』, 고종 18년 윤7월 29일)

대부분의 상경 농민들은 민가의 행랑에 거주하며 막노동자로 생계를 유지

청계천 주변에서 손님을 기다리는 지게꾼들. 상경 농민들은 이러한 막일을 통해 생계를 유지해나갔다.

했다. 당시 생산활동에 있어 노비 노동의 비중이 축소되던 데 반해 고용 노동의 비중은 점차 확대되었기 때문에, 일용 노동자나 단기 고공雇工*이 크게 늘어났으며, 농업 경영도 빈부를 막론하고 임노동제 위에서 행해졌다. 따라서 상경 농민이나 영세 빈농층들은 남자는 짐꾼이나 막노동자로, 여자는 급수汲水** 등으로 자신의 노동력을 상품화하지 않을 수 없었으며, 한성부내 도시 빈민층을 형성했다.

빈민들은 주로 시장이 서는 이현梨峴***이나 청계천 내 주요 교량인 광통교, 훈련원 석교, 마전교나 성 밖 지역인 왕십리, 신촌, 두모포 등지에 천막을 치고 생활했다. 특히 청계천 주변은 각종 시전이 설치되어 상거래가 규모 있게

---

* 조선시대 머슴, 품팔이, 남의 공장에서 고용살이하는 직공 등을 두루 부르는 말이었다.
** 물을 길어 가정집이나 가게 등에 대고 일정한 품삯을 받던 일.
*** 청계천 4가 배오개다리 일대.

주점과 복덕방이 나란히 붙어 있다. 19세기 술집이 늘어나면서 음주 살인 사건이 길거리에서 종종 목격됐다.

이루어지는 곳이었다. 이러한 천변의 경제적 조건은 자연히 가난한 사람들[貧賤之民]을 모이게 했다.

이는 성 밖도 마찬가지였다. 도성 안의 거지[流丐]들이 낮에는 왕십리, 신촌, 두모포 등지로 나가 걸식하다가 밤에 성안으로 들어오는 모습이 일상적으로 펼쳐졌다. 두모포는 뚝섬과 함께 나루가 개설되어 전국의 물화가 집결되어 상업기지로 발전했으며, 왕십리 등지는 배추·무·미나리가 재배되어 상품작물로 각광을 받았다. 따라서 성 밖 지역의 생산 조건은 걸인이나 빈민들이 품팔이나 걸식 등으로 생계를 유지하기에 적합한 곳이었다.

이처럼 갈 곳 없는 유이민이나 빈민들은 주로 천변으로 모여들어 움막을 지어 생활하거나 도성민의 행랑에서 거처했으며, 이들의 미약한 경제력은 강도나 절도를 유발시키는 동기가 되었다. 상경 유이민들은 물화가 풍부한 한

성부로 들어와 노변의 가가假家*
나 빈집에 노숙하다가 궁궐에
난입해 물품을 도적질하거나
강도짓을 하는 경우가 많았다.

강원도에서 상경한 최관유崔
寬裕는 빈집을 전전하다가 수도
구멍을 통해 요금문曜金門에 난
입해 절도를 시도했고(헌종 9),
인천 출신 윤흥록尹興祿은 서울
로 올라와 창덕궁 군사로 일하
다가 보경당寶慶堂에 잠입해 내
사지內司紙 46속, 백지白紙 40속
등 종이를 12차례에 걸쳐 훔치
고 있었다(순조 34).

막걸리를 강변 모래 속에 묻어 시원하게 해서 먹으려
는 모습.

김봉학金奉學은 양주에서 상경한 자로 신문新門에 거주하면서 짐꾼으로 일
하다가 경희궁에서 제초하는 역에 고용되자마자 수차례 경희궁의 철물을 훔
쳐 잡철상에게 판매했다(철종 3). 김봉학은 자신을 "무식한 시골놈無識鄕漢"으
로 표현하며, 서울에서의 어렵고 힘든 생활을 털어놓기도 했다. 고용 노동자
나 유민은 차지하고라도 일정한 급료를 받는 이들 또한 처지는 비슷했음을
알 수 있다. 1787년(정조 11) 정조가 경모궁景慕宮에 참배하고 돌아오는 길에서
궁의 좌우 인가가 거의 허물어진 상황을 물어보는 내용을 보면 이들의 생활
상을 알 수 있다.

---

* 비나 햇볕을 가리기 위하여 임시로 지은 집. 단칸에 문짝이나 들창이 따로 없고 맨바닥이 일반
적이며, 지붕은 이엉이나 띠로 덮었다. 난전亂廛을 열 때 많이 사용했다.

지방의 농민은 자급자족으로 생계를 유지할 수 있었지만, 한성부의 경우는 돈으로 모든 것을 구입했고, 쌀 가격에 따라 물가가 불안정하게 등락했기 때문에 도시생활은 쉬운 일이 아니었다. 직업이 없는 상경 유이민의 위법 양상은 그 강도가 더욱 심하게 나타났다. 1845년(헌종 11) 장시에서 돈을 훔쳐온 무뢰배 천호손千好孫과 최석조崔石祚 등은 서울로 올라오는 길에 다른 무뢰배와 결탁하여 남대문 밖 여염과 시전에 불을 지른 후 물품과 돈을 닥치는 대로 훔치다가 결국 잡혔다.

도로변이나 청계천변 인근 교량에서는 강도로 인한 살인 사건이 발생했다. 1833년(순조 33) 이오종李五宗이 조대길趙大吉의 목을 칼로 찌른 것이다. 이오종은 상경 유민으로 북부 연희방延禧坊 근처를 배회하다가 한 아이가 땔나무를 내려둔 채 노변에서 휴식을 취하는 것을 보고 차고 있는 칼을 빼서 목을 찌른 후 땔나무를 탈취했다.

1852년(철종 3)에는 유이민 3명이 수구문 밖에서 전냥을 허리에 차고 똥을 누고 있는 사람을 칼로 찔러 죽이는 일이 발생했다. 주범인 김돌몽金乭夢은 경기도 양근에서 거주하다가 뚝섬으로 온 이주민으로서 고군雇軍으로 일하다가 땔나무를 거짓으로 판매해 축출당한 자였다. 이상손李尙孫은 평양민으로 목필木疋*을 훔친 일로 감영에 체포되었다가 풀려난 뒤 상경했으며, 이성록李性祿은 황해도 해주 출신으로 기근이 들어 서울로 온 자였다. 이상손과 이성록은 해주에 있을 때부터 알고 지낸 사이로 서울에서 다시 만나 함께 걸식하다가 김돌몽을 만난 것이다. 이들은 함께 도성 주변을 어슬렁거리다가 동대문 문루나 훈련원 대청 등지에서 거처하는 등 거침없이 살아왔다. 하루는 김돌몽 등이 달래를 훔쳐 장시에 내다 팔 목적으로 수구문 밖 삼가리三街里에 이르

* 백목련의 꽃봉오리를 말린 약재. 맛이 매운 어린 싹이라 하여 신이辛夷라고도 불렸다.

렀다가 노변에서 똥을 누고 있던 사람이 허리에 돈을 차고 있을 것을 보고 살인강도로 돌변한 것이다.

유랑민으로 인한 강도와 절도는 당시에 큰 사회 문제로 대두되어 국가에서는 무근무착지류無根無着之類와 유의유식지배游衣游食之輩들을 사회 불안 세력으로 간주하고 처벌했으나 큰 효과는 없었다. 해질녘 인적이 드물 때 도성 내 궁벽한 곳이나 으슥한 곳에서 강도질이 빈번하여 백성들이 편히 살 수 없을 정도였다.

박조이는 왜 호미로 무덤을 파헤쳤는가

투장을 둘러싼
시골 토호와 양반집 아낙의 혈투

경기도 용인의 어느 산 중턱.

한 늙은 여인이 그 지역 토호인 김원철金元喆의 부인 무덤을 호미로 파헤치고 있었다. 죽은 처의 무덤이 도굴되고 있다는 말을 듣고 화가 난 김원철은 김형철·김이철 등 동생들과 집안 노비들을 이끌고 산으로 올라갔다.

무덤을 파헤치고 있던 사람은 다름아닌 같은 마을에 살고 있는 박조이朴召史로, 그녀는 김원철과 '투장偸葬 문제'로 소송을 진행하고 있었다. 투장은 다른 사람이 소유하고 지키는 분산墳山에 산주山主의 허가 없이 자의적으로 분묘를 조성하는 행위를 말한다. 이것은 산주 몰래 땅을 훔치는 행위였기에, 투장자들은 남의 이목을 피해 밤 시간을 이용하거나 투장 사실이 발각되지 않도록 봉분을 조성하지 않고 평지처럼 보이게 만들기도 했다.

김원철은 아내가 병으로 죽자 박조이 남편 무덤의 내룡來龍*에서 매

---

* 풍수지리에서 내룡은 종산宗山에서 내려온 산줄기를 말한다.

우 가까운 곳에 몰래 장사를 지냈다.

어느 날 이 사실을 알게 된 박조이는 감영과 관아로 나아가 청원서를 제출하여 김원철에게 이장할 것을 주장했다. '조상의 묘를 잘못 쓰면 후손이 망한다'는 속담이 있듯이 조선시대 사람들은 옛날부터 묏자리에 신경을 많이 썼다. 특히 묘를 쓸 때 반드시 묘 주위에 다른 사람이 또다른 묘를 썼는가를 알아보았다.

한 가지에 많은 열매가 달리면 그 열매가 작아지는 것처럼, 혈장도 땅의 기운을 여러 갈래로 나눠 받으면 좋지 않다고 여겼던 것이다. 따라서 이런 경우 사람들은 '명당의 지기地氣가 방해를 받아 자손들의 일이 잘 풀리지 않는다'고까지 말했다.

물론 마음 좋은 산주들이 투장 사실을 알고 그냥 넘어갈 때도 있었다. 하지만 박조이의 경우는 달랐다. 지기가 흐르고 있는 무덤의 내룡 한가운데로 김원철의 처 무덤이 들어왔으니 당연히 지기가 꺾이고 있다고 여겼다. 이에 박조이는 세 차례나 관찰사가 있는 감영에 호소해 김원철에게 여러 차례 이장을 하겠다는 다짐을 받았지만, 그는 말뿐이었으며 실행에 옮기지는 않았다.

화가 난 박조이는 생각 끝에 자신이 김원철 부인의 묘소를 파헤치면 그가 와서 이장을 할 것이라 생각하고는, 손수 호미를 가지고 산으로 올라가 무덤을 파헤치기 시작했다.

호미질을 얼마 하기도 전에 박조이는 자기 형제와 노비들을 거느리고 산 위로 달려온 김원철에 의해 포박된 채 구타당하기 시작했다. 그동안 박조이의 처사에 불만을 품어온 김원철은 그녀에게 남의 무덤을 도굴했다는 혐의를 씌우면서 무지막지한 폭력을 행사했다. 세 명의 남

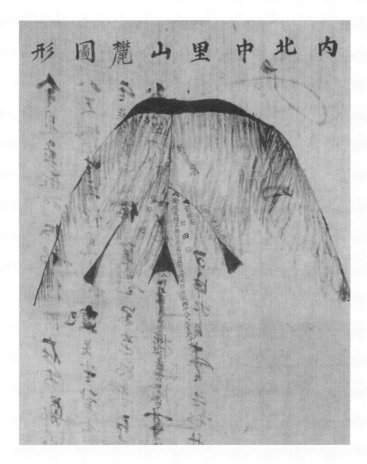

〈투장자의 무덤을 그려 넣은 산형도山形圖〉, 한국학중앙연구원 문중 고문서.
1884년 관찰사의 명령에 따라 형리刑吏 박승봉朴升奉이 소송을 제기한 정의묵, 정원
묵과 상주목 북내면 중리의 이장과 함께 투총偸塚 부근에 직접 가서 작성한 도형. 뒤
에 비쳐 보이는 글씨는 경상도 관찰사의 처분이다.

자에게 집단으로 폭행당한 박조이는 결국 사흘 만에 사망하고 말았다.

박조이의 죽음은 음독자살?
은비녀를 동원한 독사 검증

박조이가 죽자 유족들은 김원철을 살인 혐의로 관아에 고소했다. 오작인들을 거느리고 시체가 보관돼 있는 곳에 도착한 용인의 수령 이랄 李剌은 가족들에게 박조이가 생전에 앓은 질병이나 몸의 상처 여부 등을 조사했다. 가족들은 건강했다고 대답했으며, 죽기 전까지 간곡히 부탁한 말은 "반드시 김가의 무덤을 파내라"는 것이었다고 읍소했다.

검험관은 비록 치부恥部가 드러나지만, 죽음의 정확한 원인을 파악하기 위해서 박조이가 입고 있는 의복을 오작인으로 하여금 벗기도록 했다. 오작인은 옷을 벗기면서 머리에서부터 버선과 신 등에 이르기까지 특징이나 상태 등을 조사하여 초록했다. 그런 후 이것을 이정에게 보관시켜 복검할 때 참고할 수 있도록 했다.

알몸이 드러나자 조협을 끓인 물로 몸의 때와 기름기를 제거하고 한 차례 더 물로 씻어냈다. 그런 후 신체 전후좌우의 요해처나 실하지 못한 부분 등을 자세히 검험했다. 죽은 박조이는 시체의 앞면으로 양쪽 젖과 가슴 사이에 피멍이 든 곳이 여러 군데였고 뒷면은 등과 늑골 사이로 멍든 자국이 한 자尺가 넘었다. 만져보니 매우 단단했다.

『무원록』에는 맞으면 즉사하는 부위로 정수리, 목구멍, 명치, 고환, 요안腰眼* 등이, 필사必死의 부위로는 뒤통수, 배, 옆구리 등이 기록되어 있다. 특히 즉사의 경우 살빛이 푸른색과 검붉은 색을 띠거나 살이 터져 피부가 파손되면 피해자는 3일을 버틸 수 없고 필사는 10일을 버틸 수 없다고 했다. 박조이는 상처 부위가 모두 필사처에 해당해 김원철 일행이 그녀를 마구 구타했음을 알 수 있었다.

　검험관은 구타가 심했음을 파악하고 곧 김원철을 심문했다. 그는 검험관의 심문에서 남의 분묘를 도굴한 박조이를 사사로이 묶은 사실은 자백했다. 그러나 김원철은 박조이의 죽음은 구타가 아니라 간수를 마셨기 때문이라고 주장했다. 여종 점화占化 또한 자신이 박조이에게 간수를 줬다고 진술했다.

『무원록』의 간수를 마시고 죽은 경우

머리털이 흐트러지고 손톱·발톱이 문드러지며 가슴 앞에 손톱의 상흔이 있다. 이는 통증이 심해 땅에서 구르고 스스로 가슴을 문질렀기 때문이다. 몸에는 여드름 같은 부스럼이 발생하지 않고 입이 파열되지 않으며, 배가 팽창하지 않고 손톱과 발톱이 푸르지 않다. 비녀로 시험하면 검은빛이 있으나 조각수로 씻으면 즉시 하얘지고 전신이 누렇게 되며, 두 눈을 감고 입 안에 혹 거품이 끼어 있다. 다만 그 시체가 비록 변했다 할지라도 심장은 문드러지지 않았으며 그 침을 취해 끓이면 소금이 된다.

　김원철의 주장에 의해 검험관은 박조이가 김원철에게 맞은 것이 분해 간수를 마시고 자살했는지 검험했다. 당시 음독자살의 여부를 판명

---

* 허리의 양 옆의 우묵하게 들어간 부분.

하는 데에는 은비녀가 가장 많이 사용되었다. 만약 은비녀가 순은이 아니면 더러운 물질에 조금만 스쳐도 그 색이 바로 변해 중독 여부를 판명하기 어려웠다. 따라서 관에서는 관리의 감독하에 동이나 아연이 섞이지 않은 순은으로 된 은비녀를 만들어 봉해두었다가 검험에만 사용했다.

검험관은 『무원록』에 의거해 은비녀를 조각수로 깨끗하게 씻은 후 죽은 박조이의 입에 넣고 입을 봉한 후 얼마 있다가 빼내보았다. 독에 의해 치사될 경우 은비녀는 청흑색으로 변하는데, 이 경우 은비녀를 조각수로 씻어도 검게 변한 것은 지워지지 않았다. 물론 중독사가 아닌 경우에도 은비녀는 검게 변할 수 있는데, 이때 조각수로 씻으면 다시 선명한 은색으로 돌아왔다.

박조이 입 속에 넣었던 은비녀 또한 빛깔은 검은색으로 변했지만 조각수로 씻자마자 하얗게 변했으므로 중독사는 아니었다. 이에 검험관은 박조이의 침을 거두어 끓여봤다. 왜냐하면 간수는 습기가 찬 소금에서 나온 짠 물이므로 만약 이를 마셨다면 침 속에 반드시 소금기가 남을 것이었기 때문이다. 그러나 소금기는 발견되지 않았다. 결과적으로 박조이의 경우 『무원록』의 간수를 마신 증상과 하나도 부합되는 것이 없었다.

검험관은 김원철의 진술이 목숨을 구하기 위해 꾸며낸 것이라며 그를 주범으로 체포해 관아의 옥사에 가두었다.

그러자 김원철의 아들 김쾌준金快俊이 격쟁했다. 그는 아버지의 처벌이 박조이가 간수를 마셨느냐 마시지 않았느냐의 여부에 달려 있었기 때문에 간수를 마신 정황에 대해 적극적으로 주장했다. 또한 이러한 사실들이 잘 파헤쳐지지 않은 이유는 수령인 이랄이 박조이의 편만 들어 그녀가 간수를 마신 정황을 숨기려 하고 있다고 주장했다.

"아버지 김원철이 죽느냐 죽지 않느냐는 박조이가 간수를 마셨느냐 마시지 않았느냐에 달려 있습니다. 박겸최朴謙最 남매는 누이가 간수를 마신 정황을 태연하게 발설했지만, 수령인 이랄이 크게 꾸짖자 진술을 바꿨습니다. 이들이 비록 말을 바꿨을지라도 간수를 마신 사실을 모두 없애버리지는 못합니다. 이랄이 검장檢狀 안에 이러한 사실들을 기록하지 않았더라도 점화占化의 공초에 '염수지설鹽水之說'은 곧 이 옥정에서 가장 긴요한 말입니다. 만약 박조이가 구타를 당해 사망했다면 박겸최가 어찌 관에 고하지 않고 사위인 박서정이 스스로 이랄의 사실私室에 먼저 갔겠습니까. 이것은 오로지 이랄이 한쪽 편만을 드는 것이므로 헤아려주십시오."

김쾌준의 격쟁에 대해 경기도 관찰사는 "쓸데없는 말을 늘어놓았으나 모두 다 꾸며낸 말입니다" 하며 그의 주장을 묵살했다. 형조 또한 김원철의 죄는 사형의 율을 면할 수 없을 것이라고 했다.

하지만 사건에 대한 보고를 받은 후 정조는 박조이가 간수를 마셨을 개연성도 있다고 했다. 그는 비녀 색깔이 변했다는 것과 간수를 마셨다는 말의 허위에 대해서 끝내 결말을 보지 못했을 뿐 아니라, 죽은 자가 70세의 늙은 과부로서 삼종지도의 도리를 지킬 길이 끊어진 데다가 흉악한 놈의 거친 행패가 하도 절박해 스스로 꼭 죽어야 할 때로 판단한 나머지 자해나 자결할 가능성도 있다고 했다.

이에 정조는 옥사의 정상에 다소의 의문이 없을 수 없으니, 도신으

오늘날에는 국가 소유의 공동묘지가 있지만, 조선시대에는 산마다 주인이 있었고, 국가가 관리하는 산은 주로 소나무가 많은 고급림이라 일반인들이 묘를 쓰기 어려웠다. 부족한 묏자리와 음택풍수의 예민함 때문에 산송의 문제는 끊임없는 사회 문제로 떠올랐다.

로 하여금 심리를 계속하여 다음 심리 때에 장계를 다시 올리라고 분부했다.

경기도 관찰사는 왕의 명에 따라 장계의 내용에 소홀함이 없도록 자세히 조사했다. 하지만 김원철은 자신의 죄를 없애기 위해서 계속해서 집안 노비에게 죄를 뒤집어씌우려고 했다. 초검의 진술에서는 박조이를 자신이 직접 동여맸다고 자백했지만 재조사에서는 여종을 시켜 손을 묶었다며 죄를 떠넘겼다. 함께 동모한 김형철·김이철 등은 사건 발생 이후 종적을 감췄지만 수령은 이들을 어씨 집안에서 숨겨주고 있을 것으로 추측했다.

마을 토호 세력의 횡포
평소 촌민들을 억압해온 김원철

사건이 발생한 송전松田이란 마을은 본래 어씨魚氏 집안의 농장으로 어씨 성을 가진 사람들만 수십 호가 거주하고 있었다. 가해자 김원철은 곧 전 현감 어사필魚史弼의 사위로 이들 집안의 권력을 이용해 마을에서 위세나 무력을 함부로 사용함으로써 촌민들을 억압했다. 박조이의 시친들이 관에 고하여 사건이 성립되자, 전임 수령인 어사필은 사건에 연루된 사람들의 진술을 받기도 전에 현임 수령을 직접 만나 박조이가 간수를 스스로 마셨다고 말했다.

초검 때 간수를 박조이에게 줬다고 진술한 여종 점화도 어사필의 여종이었다. 하지만 그녀는 재조사 때 자신의 진술은 상전 어사필이 그렇게 하라고 권해서 억지로 하게 된 것이라고 털어놓았다. 이를 들은 어사필이 화가 나 얼굴이 벌개져 점화를 때려죽이겠다고까지 위협하자, 관아에서는 그녀를 급하게 도피하도록 시켰다. 아버지의 억울함을 호소한 김쾌준의 격쟁에 언급된, 박겸최가 직접 고소장을 내지 않고 사위인 박서정이 낸 이유도 따로 있었다. 바로 박겸최가 이러한 어씨 집안과 김씨 집안의 위세에 눌려 있었기 때문이다.

여기까지 조사한 경기도 관찰사는 어사필의 아우 어사영에게 당장 칼을 씌워 관아에 가둘 것을 청했다. 그 이유는 박조이 살해 사건에 연루된 김형철·김이철 형제, 종 홀란, 여종 정월 등이 모두 도피해버리고 없었기 때문이다. 이들의 진술이 필요해서 관아에서 찾았으나 종적이 묘연했다. 분명히 어씨 집안에서 이들을 비호하고 있는 것으로 여겨졌다.

관찰사는 어사필의 아우를 가둬두면 집안에서 이들을 붙잡거나 자수시킬 것이라고 추측했다. 아울러 그는 전 현감 어사필의 처벌을 강하게 요구했다. 그는 명색이 조정의 관리로서 죄인을 숨겨 관아에서 체포할 수 없게 했고, 자신과 관련 없는 사건에 함부로 끼어들어 체면을 돌보지 않았으며, 간수를 마셨다는 말을 꾸며내 이미 죽은 사람을 허위로 속였기 때문이다.

정조는 박조이 사건을 좌의정과 우의정에게 문의했다. 좌의정 채제공蔡濟恭이 먼저 아뢰었다.

"강족의 위세를 빌려서 빈궁한 노파를 꾀어 간수를 마셨다는 말을 꾸며냈으므로 가벼운 처벌에 부치는 것은 마땅치 않습니다."

이어서 우의정 이병모도 아뢰었다.

"간수를 먹었다는 사실과 하늘에 사무치도록 원통하다는 호소로 말을 꾸며 사전에 계획을 짜 맞추었으니 이것은 바로 오래 끌어온 옥사에서 나온 간계입니다. 그러므로 김원철을 가벼운 처벌에 부치는 법은 논의하기 어렵습니다."

하지만 정조는 관찰사로 하여금 다시금 묵은 견해를 씻어버리고 새로운 의문을 찾아내라고 명했다. 이에 따라 만약 정범을 그대로 삼는 것이 옳다고 여겨지면 앞뒤의 서로 다른 내용을 꺼려하지 말고 그 사유를 갖춰 장계로 아뢰도록 했다. 또한 혹시라도 정상을 참작할 만한 확실한 물증이 있다면 이치를 따져 첩보하고, 형조는 이를 조목조목 지적해 회계하라고 지시했다.

형조참판 이의강李義綱은 "급소에 상처를 입힌 사실이 두 검험에서 이미 드러났고 간수를 만들 소금이 없었던 것으로 보아 애당초 간수를 먹지 않았음을 알 수 있습니다. 따라서 김원철은 가벼운 형으로 논의하기 어렵습니다"라고 아뢰었다. 형조참의 김달순金達淳 또한 "간수를 먹었다는 한 가지는 김원철이 주범이면서도 신문할 적마다 초사를 바꾸었으며, 점화는 중요한 증인이면서도 금방 실토하다가 갑자기 입을 다무는 등 진술이 의심스러우니 살려주는 문제는 함부로 논의할 수 없습니다"라고 답했다.

판결이 어려운 옥사의 경우 마땅히 여러 의논을 좇아야 하는데 의정부와 형조의 대신들은 모두 김원철의 사형을 주장했다. 정조는 이 옥사가 10년 이상 지체하고 있는 것이어서 터럭만 한 것이라도 용서할 만한 단서가 나오기를 바랐다. 그러나 이러한 사실은 재조사에서도 나타나지 않았다. 정조는 김원철이 세력 있는 지방의 부자로서 의지할 데 없는 과부 박조이를 함부로 때려죽이고, 음험한 간계와 잔인하고 혹독한 방법을 썼음을 인정했다. 아울러 도 관찰사와 형조의 빈틈없는 조사도 인정했다. 그렇지만 형사 사건의 경우 보는 사람에 따라 의견이 다른 경우도 많으므로, 새로 임명된 관찰사로 하여금 직접 자세히 조사하되, 형사 사건을 신중히 처리함과 처벌받는 자를 불쌍히 여기는 뜻을 해치는 일이 없도록 지시했다.

집안 대 집안의 빈번한 산송
조선후기 사회의 큰 골칫거리

남의 선산에 몰래 매장하는 당시의 습성은 당사자들만의 문제에서 벗어나 대개 갈등을 빚는 두 집안 간 전체 싸움으로 번져 물리적이고 집단적인 폭력을 유도했다. 특히 외지에서 유입된 자와 토호 간에 사건이 발생하면 외지의 유입자가 구타당하는 사례가 비교적 많았다. 박조이 사건은 당시 산송으로 인한 민간의 갈등이 빈번했으며, 관리와 양반의 직권을 빙자한 폭력 행위가 만연했음을 보여주고 있다.

사건 10

개를 잡은 마음과
개장국을 끓인 마음의 차이

음주 난투극과 조선후기의 유흥 문화

황해도 수안에 사는 이춘연李春延은 장시에 갔다가 돌아오는 길에 동네 사람인 김일택·박태관에게 구타당한 후 사흘 만에 사망했다. 이춘연의 아내 이조이李召史는 남편이 죽자 시신을 남편을 구타한 김일택의 집 안에 두고 서둘러 관아에 고발장을 제출했다.

고발장을 접수한 수안부사는 관아의 형리와 오작인들을 거느리고 시체를 안치해둔 곳에 도착해 검험을 시작했으며, 구타당한 날 함께 있었던 박태관과 김일택, 유족 이조이, 평소 절친한 이웃 사람 이득봉 등을 불러 싸운 이유, 원한의 유무, 범행에 사용된 무기의 크기 등을 신문했다.

함께 장시에 갔다 돌아온 김일택과 박태관은 죽은 이춘연이 술에 취해서 자신들에게 욕을 퍼부었으며, 이로 인해 약간의 다툼이 있었지만 구타하지는 않았다고 말했다. 하지만 유족 이조이는 검험관의 심문에서 남편을 죽인 원수로 박태관을 지목했다.

죽은 이춘연은 갈빗대와 등골뼈가 약간 붉은색을 띠었으며, 딱딱하게 굳어 있었다. 분명 구타로 인해 생긴 상처였다. 초검관인 수안부사는 아내 이조이의 진술에 따라 정범을 박태관으로, 간범을 김일택으로 기록했다.

수안부사는 일주일 뒤인 22일 두번째 진술을 받았다. 그런데 이때 유족 이조이가 말을 바꿨다.

처음과는 달리 박태관이 아닌 김일택이 남편을 죽였다는 것이다. 또한 그녀는 김일택과 박태관이 남편을 위해 개장국을 끓여왔다고 털어놓았다. 함께 동행한 박태관도 "김일택이 이춘연을 때릴 때 저는 말렸습니다"라고 진술했고, 동네 사람 안상운은 "김일택이 시체를 옮겨 장례를 치르도록 했다"고 증언했다.

처음의 조사 내용과 증언은 모두 김일택에게 불리했다. 수안부사는 할 수 없이 김일택을 이춘연 살인의 정범으로 결론지었다. 그 증거로는 네 가지를 지적했다.

술에 취해 한 장난이 살인까지
조선후기 민간의 음주 양상과 폐해

먼저 김일택이 갓을 잃어버리고 의관이 찢어졌다는 점을 격렬히 싸운 증거로 삼았다. 또한 이춘연에게 삶은 개고기를 가져와 먹도록 권한 것은 자신이 다치게 한 자를 회복시키려 한 일이라고 파악했으며, 스스로 범인임을 입증하는 처사라고 보았다.

다음으로 이조이가 남편의 시신을 김일택의 집에 가져다놓은 것은 김일택이 범인이기 때문이며, 김일택도 이춘연의 시체를 옮겨 서둘러 장례를 치러 죄를 숨기려 했다고 보았다.

이 사건의 근본 원인은 술이었다. 김일택을 비롯해 박태관·이춘연 세 사람은 함께 장에 갔다가 돌아오는 길에 기분 좋게 술에 취해 있는 상태였다. 서로 장난을 치면서 한 농담이 도를 지나치자 술김에 싸움으로 진행되었고, 그 과정에서 한 사람이 사망했다.

조선시대에는 살인 사건을 고살故殺·모살謀殺·투구살鬪毆殺·오살誤殺·희살戱殺 등으로 구별했다. 고살과 모살은 범인이 타인을 살해할 의사가 분명한 경우로 오늘날 고의적인 살인에 해당된다. 투구살은 구타했는데 우연히 죽음에 이른 것으로, 폭행치사를 말한다. 투구살 중에서도 싸우는 과정에서 칼을 사용하면 고의적인 살인과 동일하게 처벌했다. 오살은 고의가 아닌 과실치사에 해당했으며, 희살은 장난을 치는 과정에서 살인이 난 경우다. 조선시대 살인 사건의 10건 중 8건이 술에 취해서 싸우거나 장난을 치다가 일어날 정도로 술로 인한 풍속의 피폐해짐이 심각했다.

그 이유 중 하나는 조선후기에 들어 활발한 상업활동으로 여가를 소비할 수 있는 공간인 주사酒肆나 색주가 등이 번성해 음주를 즐기는 풍토가 조성됐기 때문이다. 특히 서울인 한성부의 경우 과거에는 술을 얻으려면 다른 지역에서 구해야 할 정도로 술을 빚는 집이 별로 없었다.

그러나 조선후기 음주의 습속이 날로 증가해 술로 경제적 이득을 얻는 사람이 많아지자 도성 내 곡식 중 양주釀酒로 소비되는 것과 밥으로 먹는 쌀의 양이 비슷할 정도에까지 이르렀다. 술을 파는 백성들의 소리가 도성 안 가로를 메웠으며, 걸인들일지라도 술을 얻지 못하는 자가 없다고 할 정도로 음주는 일상화된 사회 현상이었다.

이러한 양상은 지방의 경우도 마찬가지였다. 1790년(정조 14) 대사간 홍병성洪秉聖이 곡식이 낭비되는 가장 큰 원인을 술로 보고 "온 나라가 미친 듯이 술 마시는 것만 일삼는다"고 지적한 것은 당시 음주 실태의 심각성을 말해준다.

음주는 곡물의 소비뿐 아니라 풍교도 손상시켰다. 여항에서는 놀고 연회하는 데 절도가 없었으며, 소민들은 모여서 풍악을 울렸고, 술집 에서는 왁자지껄하게 내기 술[賭飮]판을 벌였다. 폭행이나 살인은 물론 부모의 봉양을 폐하고 남녀의 분별을 어지럽게 하여 강상이 문란해지 졌다. 이러자 사헌부에서는 술을 빚는 것을 일체 엄금해야 한다고 주 장하기에 이르렀다.

과학수사관 정약용 투입되다
증인 및 관련자는 사려져버리고

황해도 관찰사 이의준李義駿은 검험의 결과 김일택이 주범으로 결론 나자 의당 자복을 받아 사형에 처할 것을 주장했다. 이춘연이 구타당 한 지 사흘 만에 죽었고 초검과 복검의 내용이 판에 박은 듯 똑같아 다 른 의견이 없었기 때문이다.

하지만 정조의 생각은 달랐다. 세 사람이 취해서 농담을 하다가 싸 움으로 번진 점은 지난번에 판결했던 해주의 김천재金千才 옥사와 성격 이 비슷했고, 이 경우 사형을 면했기 때문에 김일택 역시 차이가 없어

성협成夾(생몰년미상), '야연野宴'(성협풍속화첩), 지본담채, 20.8×28.3cm, 국립중앙박물관 소장.

조선후기 상공업이 발달하고 시장거리에서 사람들의 활동이 빈번해지자 자연히 술집이 늘어났다. 실록에는 나라의 곡식 중 절반이 술로 소비된다고 금주령을 촉구하는 상소가 자주 올라온다. 당시 내기 술을 마시고 싸우고 죽이는 사건도 빈번하게 일어났다.

야 한다는 게 왕의 견해였다.

이러한 의견에 형조가 반대했다. 특별히 은혜를 베풀어 관대하게 용서해주는 것이 일상적인 것이 될 수 없음을 강조하며, 일률적으로 너그럽게 처결하는 것도 옥사의 체모에 어긋난다고 주장했다. 형조와 견해 차이가 생기자 정조는 조사관으로 하여금 실정을 다시 조사해서 의견을 아뢸 것을 지시했다.

그후 시간이 흘렀다. 형조에서는 더이상 재조사할 의사 없이 김일택만 가둬둔 채 세월을 흘려보냈다. 이에 보다 못한 정조가 사건의 담당관을 바꿔야겠다고 마음먹게 된다. 다시 정조의 오른팔 곡산도호부사 정약용이 불려 올라왔다.

조선시대 최고의 과학수사관 정약용은 예전에 맡았던 사건들과 마찬가지로 증인들의 진술을 토대로 사건을 전면 재조사하기 시작했다. 초검·재검을 거친 이후의 기록 가운데 증거가 될 만한 것, 의심할 만한 것을 차례로 추려낸 후 김일택을 신문했다. 그러나 그는 억울하다는 말만 되풀이할 뿐 끝내 실토하지 않았다.

정약용이 김일택 사건의 재조사를 맡았을 때는 이미 옥사가 이뤄진 지 5년이 흐른 뒤였다. 사건 관련 주요 인물인 유족 이조이, 종범 박태관, 증인 안상운 등을 마땅히 신문해야 했지만, 박태관은 옥사가 이뤄진 지 7개월 만에 풀려나와 수안지역을 떠나 다른 곳으로 도망쳐버려 자취를 알 수 없었고, 이조이 또한 본래 평안도 사람으로 남편이 죽은 뒤 어디론가 가버려 거처를 알 수 없었다.

이웃 사람 안상운은 늙어 병들어 죽은 지 2년이나 된 상태였다. 죽은 이춘연의 시체를 메고 김일택의 집으로 왔다는 이이방 또한 군역을 피하기 위해 고향을 떠난 상태였다.

이춘연의 아내 이조이, 뇌물을 받다
사화가 통용되는 사회

어쩔 수 없이 정약용은 5년 전 범죄 관련인의 진술서를 통해 사건의 의문점을 파헤쳐나갈 수밖에 없었다. 제일 먼저 이춘연의 아내 이조이의 진술에 의문이 갔다. 그녀는 처음 진술에서는 박태관을 원수로 삼았다가 두번째 진술에서는 김일택을 원수로 삼았다. 정약용은 이조이가 박태관에게 뇌물을 받고 간계를 부린 것이거나, 김일택에게 뇌물을 요구했으나 이를 거부하자 그에게 죄를 뒤집어씌운 것이라고 생각했다.

당시 한성부와 지방의 백성들은 살인 사건이 발생하면, 살인자를 관에 고발해 법에 맡기기보다는 가해자로부터 일정액의 보상금을 받고 합의를 보는 사화私和의 방법을 선호했다. 실제 피해자가 관에 고발하는 것은 20~30퍼센트에 그쳤다. 그렇기 때문에 사람을 살해한 자가 죄를 면하는 경우가 자주 발생했다.

"한번 검험을 겪으면 패촌敗村이 되어 한 해도 못 되어 마을이 피폐해지기 때문에 시친들은 원통하지만 마을의 부노父老와 호강자豪强者들에게 그 뜻을 저지당하고 사화하는 처지에 놓이게 된다."

사화가 성행하는 이유에 대해서 정약용은 위와 같이 말했다. 따라서 피해자나 가족들 중에 이를 악용해 피해자가 맞고도 살았다면 가해자에게 치료할 물품을 요구했으며, 죽었을 때에는 수렴할 재물을 받아냈다. 그러다가 가해자와의 합의 내용이 마음에 차지 않을 경우 결국에는 소송을 통해서 관의 처결을 요구하기도 했다.

경상도 순흥順興에 사는 김치걸金致乞은 이후원李後元과 싸우다 그가 죽자 관에 고하지 않고 그 아들에게 50냥의 돈을 주고 사화했다. 그런데 15년이 지난 뒤 이후원의 아들이 다시 김치걸에게 금품을 요구했으며, 이것이 자신의 의도대로 되지 않자 그를 살인죄로 관에 고소했다. 순천 사람 오창옥吳昌玉 또한 매부인 김관金觀을 절굿공이로 구타하여 죽게 하자 누이를 종용해 토지 몇 두락과 돈을 지급하고 사화했다.

그러나 나중에 오창옥이 사화한 토지 문권을 빼앗고 곡식을 탈취하자 그 누이는 동생 오창옥을 살인죄로 관아에 고소했다. 아전이나 군교들의 경우도 사화한 사람들을 알아내어 이들을 협박하는 경우가 많았으며, 마을에서는 이를 막기 위해 돈 200~300냥을 모아 아전에게 바치기도 했다. 이처럼 사화로 인한 부작용이 많아지자 국가에서는 살옥에 뇌물을 받고 사적으로 합의하는 것을 법으로 금지하기에 이르렀다.

죽은 이춘연의 아내 이조이 또한 김일택과 합의를 보려 했지만 의도대로 되지 않았고, 박태관은 김일택을 정범으로 몰고 자신은 사건에서 빠지려 했을 가능성이 높았다.

정약용은 이조이의 말 가운데 반드시 하나는 거짓이라고 보았다. 당시 형리刑吏의 진술로 살펴보면 이조이는 16일에 남편이 박태관에게 구타당해 사망했다고 관에 고발했으며, 일주일 뒤인 22일에 진술을 번

복해 김일택이 남편을 죽였다고 했다.

정약용은 처음의 진술이 남편이 사망한 직후 슬픔을 이기지 못하던 시기이므로, 진실된 마음에서 나왔을 것이라고 추측했다. 하지만 7일 뒤의 두번째 진술은 슬픔이 누그러지고 사화하자는 말과 부탁이 서로 얽혀드는 시기이므로 신빙성이 없다고 생각했다.

주범은 누구이고 종범은 누구인가
흠휼欽恤의 정신을 좇아 판결하다

정약용의 추측대로 이조이의 첫번째 진술이 사실이라면 정범은 박태관이어야만 했다. 정약용은 이러한 의문점을 거꾸로 김일택을 정범으로 지목했던 이유를 통해 밝혀내려고 했다. 김일택이 주범이 된 증거는 그의 의복과 갓이 찢어지고 부서진 것, 이춘연에게 개고기를 먹도록 권한 것, 이춘연의 시체를 받아놓은 것 등이었다.

먼저 정약용은 김일택의 의복과 갓이 찢어지고 부서진 사실만을 가지고 그를 정범으로 단정지을 수 없다고 보았다. 당시 우둔한 백성들의 경우 화가 치밀어 싸울 때 갓을 벗기고 옷을 빼앗는 것은 일반적인 습성이었다. 따라서 단지 김일택의 의복과 갓만 유독 찢어지고 부서졌다고 하여 이를 근거로 싸운 것으로 판단할 수 없으며, 이춘연과 박태관의 의복이 찢기거나 부서지지 않았다고 해서 싸우지 않은 분명한 증거로 볼 수 없다고 여긴 것이다.

다음으로 김일택이 이춘연에게 개고기를 먹도록 권한 사실이다. 심문 과정에서 김일택은 여러 차례 "박태관이 개를 잡았다"고 진술했으며, 박태관은 이에 대해 변명하지 않았다. 즉 박태관이 개를 잡은 것은 분명한 사실이었다. 하지만 박태관이 무슨 이유로 개를 잡았을까. 돈을 내고 개를 사는 일은 쉬운 일이었다. 반면 칼을 잡고 개를 잡는 것은 비천한 일이기 때문에 자신이 이 사건에 관계가 없는데도 박태관 스스로 한 일은 의문스러웠다.

셋째, 정약용은 김일택이 이춘연의 시체를 받아둔 까닭을 알 수 없었다. 김일택은 박태관의 집이 이춘연의 집에서 멀고 좁은 반면, 자신의 집은 가깝고 넓기 때문이라고 이유를 댔지만, 이 같은 사실은 그를 주범으로 확정짓는 계기가 되었다.

이조이는 관아에 들어가 처음 고발할 때 박태관을 주범으로 삼고 김일택을 말린 사람으로 증언했다. 이에 대해 정약용은 시체는 상서로운 물건이 아니므로 받기를 원하는 사람은 없는데, 김일택의 손발은 묶였고 메고 왔던 사람들은 시체를 두고 모두 흩어졌으므로 말없이 받아둔 것이라고 여겼다.

정약용은 김일택이 주범이 아닐 수도 있다고 보았다. 하지만 이 옥사는 술에 취해 싸운 사건이다. 처음에는 뜯어말렸을지라도 나중에는 모두 화가 나서 어울려 싸운 것으로 누구의 죄가 무겁고 가벼운가는 판단하기 힘든 상황이었다. 세 사람이 싸우면서 뒹구는 과정에서 그 가운데 힘이 약한 사람이 상처를 입게 됨은 당연했다.

특히 이춘연은 본래 다른 고을 사람으로 수안에서는 의지할 데가 없었다. 반면 박태관과 김일택은 마을의 토착민으로 재산이 많고 세력 있는 자들이었다. 따라서 이 둘은 이춘연을 때리는 데 함께했으며, 그

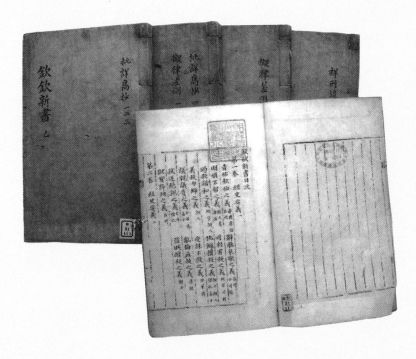

『흠흠신서』

조선 순조 때 정약용이 저술한 형법서. 30권 10책. 다산의 508권의 저서 가운데 『경세유표』 『목민
심서』와 함께 1표表 2서書라고 일컬어지는 대표적 저서이다. 다산은 당시 살인 사건의 조사·심
리·처형 과정이 매우 형식적이고 무성의하게 진행됨을 보고, 이는 사건을 다루는 관료 사대부들
이 율문律文에 밝지 못하고 사실을 올바르게 판단하는 기술이 미약하기 때문이라고 여겼으며, 그
결과 생명존중 사상이 무디어져가는 것을 개탄했다. 이를 바로잡을 필요성을 느껴 집필에 착수,
1819년(순조 19)에 완성했고 1822년에 간행했다.

가 죽지 않았을 때에는 함께 문병을 갔고 개를 사는 것도 함께 상의했다. 이춘연이 죽지 않았을 때에는 누가 때리고 누가 말렸다는 얘기를 하지 않다가 그가 죽은 뒤에는 각자 자기의 삶을 꾀하기 위해 서로에게 책임을 돌리려 했다.

이에 정약용은 앞뒤의 사건 기록 및 김일택의 진술만 가지고 사건을 판단하기에는 여전히 의문점이 많아 그에게 엄중한 형장을 가해 자백을 받도록 할 것을 청했다. 사건이 발생한 황해도의 관찰사 또한 이 사건의 주범을 결론짓지 못했다. 관찰사 이의준은 다음과 같은 발사를 써서 왕에게 올렸다.

"약으로 쓸 개를 사기도 하고 잡기도 했으니 김일택, 박태관 두 사람의 마음은 같았던 것입니다. 살았을 때는 병문안을 하기에 이르렀고 죽은 뒤에는 구속된 것이 두 사람이 같았으나 주범과 종범이 김일택이냐 박태관이냐는 모두 적확함이 없습니다. 다만 시체를 박태관의 집에 두지 않았고 유족이 김일택으로 바꾸어 고발했음을 틀림없는 증거로 짚어 확정안으로 만들었으나, 시체를 옮길 때 김일택의 집은 불행히도 매우 가까웠고 범인을 바꿀 때 이조이의 진술은 크게 뒤집혔으니, 이 또한 사건을 판단하기에 충분치 않습니다."

형조 또한 원범이 둘 중 누구인지 분명하지 않고 그 진술 또한 진위를 변별하기 어렵다고 아뢰었다. 따라서 이런 상태에서 김일택을 형신해 자복을 받는 것은 흠휼하는 정사에 흠이 될 수 있다고 보았다. 정조는 수안군 살인 사건의 죄인 김일택에게 사형을 감하여 형장 100대를

집행한 뒤 유배형에 처했다. 『대명률』에서 싸우다가 사람을 죽인 경우
1등급을 줄인다는 내용에 근거한 것이다. 유배 장소는 함경도 이성현
으로 정했다.

무위도식과 상혼商魂은 범죄의 온상

순조대 조직폭력배의 등장과 미곡 폭동

조선의 서울 한성부는 강력 범죄의 온상이었다. 서울의 살인은 8도 가운데 살인·강도 범죄 발생률이 가장 높은 황해도의 약 5배에 달했다. 18~19세기 서울의 강력 범죄는 대부분 세 가지 배경으로 일어났다. 악소·무뢰배의 증가, 재물과 미곡 문제로 인한 백성들 간의 대립, 관·민 간 대립과 양반·상천 간 대립의 심화 등이다.

정조 21년 11월 22일 강서 수철리에 사는 김종득金宗得이 땔나무를 사려고 마포에 갔다가 땔나무 상인인 10여 세 아이를 만나 값을 정하고 자기 집에 데리고 가서 땔나무를 뜰 안에 풀었는데, 소를 탈취하고 싶어 몰래 그 아이를 죽일 계략을 내었다. 김종득은 아이에게 땔나무 값을 준다고 속이고 안현鞍峴의 산 밑 어둡고 후미진 곳으로 끌고 가서 처음에는 돌덩이로 난만히 구타하고, 끝내는 칼로 목과 배를 찔러 그 자리에서 죽였다.

1839년(헌종 5)에는 고양高陽에 거주하는 김명길金命吉은 서울에서 개초蓋草*를 팔기 위해 소에 싣고 서소문 밖에 이르렀다가 무뢰배 김진성金振成 등에게 납치돼 독이 든 엿을 먹고 죽었다.

두 사건의 공통점은 범죄의 발생지역이 모두 서부이며 살인을 통해 탈취한

---

* 지붕에 얹는 이엉.

조선시대 나무장수의 모습.

대상물이 소였다는 점, 나아가 피살자가 땔나무를 팔기 위해 상경한 외지인들이었다는 점이다. 한성부 서부의 살인 · 강도 범죄율은 중부와 북부보다 2배 이상 높았다. 주로 서강 · 청파 · 마포 등 경강 주변으로 상거래가 활발히 이루어지고 있는 곳이었다. 18세기 많은 시전의 신설은 외부에서 유입되는 상경 이농민의 증가를 이끌어 서울 인구가 급속히 늘었다. 이에 따라 소비도 늘어났으며 그중 쌀과 땔나무는 매일 엄청나게 유통되는 생활필수품이었다. 인근 지방의 백성들도 물건을 팔러 대거 한성부로 유입해 인구이동이 많았으며 이것은 범죄를 쉽게 만들었다. 도성의 무뢰배들은 한성부의 실정을 잘 모르는 이들을 유인해 강도짓을 하는 경우가 많았다.

그렇다면 왜 소의 탈취가 많았을까. 조선시대에는 술을 못 담그게 했고, 소나무 베는 것을 금했으며, 소를 잡지 못하게 했다. 농사에 필요한 농우 확보를 위해 불법적이고 사사로운 소의 도살을 규제했던 것이다. 그러나 조선후기에 이르면 이를 억제해야 할 금예들이 재물을 얻을 수 있는 기회로 삼고 자

조선시대 우시장이 열린 모습과 시장통의 푸줏간.

의적으로 우금령을 집행해 속전을 마음대로 징수했다. 심지어는 무뢰배와 결탁해 직접 소를 도륙하고 팔기도 했다.

이처럼 우금의 해이로 인한 도사屠肆*나 사포私庖(푸줏간)의 증가는 한성부 내에서 소도둑이 성행하는 원인이 됐다. 게다가 양조의 증가는 주막과 술집, 기방 등의 성행을 불러 일으켰고, 이곳에서 소비되는 술안주로 상당량의 소고기가 사용되었다. 자연히 수요가 늘어나자 국가의 우금

정책에도 불구하고 한성부민의 불법 도살과 매매가 확산되어 소 값이 크게 올랐다.**

한편 18~19세기 한성부에서 나타난 도박과 유흥의 성행은 이에 기생하는 악소와 무뢰배를 자생시켜 사회 분위기를 해쳤다. 이들은 국가의 처벌을 두려워하지 않고 도당徒黨을 만들어 재력이 있는 미곡 상인들에게 돈을 많이 뜯어냈다. 무뢰배들은 사사로이 모여 계를 만들었는데 그 가운데 하나가 검계劍契였다(순조 21). 검계는 오늘날의 조직폭력배다.

---

* 조선시대에 고기를 팔던 곳. 백정들이 중심이 돼 운영했다. 임진왜란을 겪으면서 나라의 재정이 어려워져 하급 관리들에게 월급을 주기 어려웠다. 그래서 생계유지를 위한 길을 터주기 위해 도사를 설치해 생활의 근거를 마련해주기도 했다.
** 김대길, 「조선후기 牛禁에 관한 연구」, 『사학연구』 52, 1996.

인두, 가위, 손거울, 빗 등 가정용 연모를 벌여놓고 손님을 기다리고 있는 잡화상.

기방이나 주가가 있는 곳이면 어디나 몰려든 이들은 주로 약탈을 일삼거나 유흥 문화에 기생했다. 당시 도성의 색주가는 곳곳마다 등을 매달고 영업했으며, 강상江上의 촌락에서는 대규모로 술을 빚어 조운선이 올라올 때마다 부자들이 술과 창기를 끼고 마중 나가 뱃사공을 불러 모았다. 따라서 수백 석의 곡식과 물산이 모두 술도가로 들어갈 정도로 유흥의 규모는 컸다. 순조는 '범죄와의 전쟁'을 선언하기도 했다.

이러한 무뢰배들은 당연히 살인 강도도 서슴지 않았다. 한성부 중부의 최용린崔龍麟은 종로의 동상전東床廛* 전방에 절도하러 들어갔다가 방주인 문조이文召史에게 들키자 장도리로 구타한 후 칼로 목을 찔러 살해했다(순조 8). 또

* 서울 종로의 종각 뒤에 위치한 잡화점. 조선이 망하고 난 뒤에도 꽤 오랫동안 유지되었다.

1860년(철종 11) 한성부 동부에서는 양순일梁順一 등이 같은 마을에 사는 미곡 상인인 이의손李宜孫의 집에 많은 돈이 들어온다는 소문을 듣고 밤을 틈타 들어가 칼로 찌르고 철편으로 난타해 죽이는 일도 발생했다.

독버섯처럼 피어난 고리대금업

조선후기의 서울에도 고리대금업이 지독하게 피어났다. 서울만 그런 게 아니라 전국적인 현상이었다. 도성의 양반들은 무뢰배와 함께 위조 채권문기를 만들어 부자들에게 거액의 돈을 뜯어내기 일쑤였다. 이 과정에서 양반의 이름으로 구타하고 가혹하게 고문하는 일도 많았다. 종친 또한 종반宗班이 사채를 받기 위해 궁노宮奴를 풀어 채무자를 자기 집으로 끌고 와 멋대로 형장을 가하기도 했다.

한성부의 사채업자들은 서울뿐 아니라 인근 경기지역 사람들에게도 돈을 빌려주고 고리의 이자를 받았다. 압구정에 사는 이인대李仁大는 과천에 사는 양복돌梁幅乭에게 40냥의 돈을 빌려주고 3배 이상인 140냥을 받고 있었으면서도, 이를 본전으로 여기고 이자를 독촉하며 채무자와 가족들에게 사적인 형벌을 가했다. 그는 과천민 안삼국安三菊에게도 20냥을 빌려줬으나 받질 못하자, 안삼국이 훔친 호패의 원래 주인인 강태산姜太山을 묶어서 난타해 37냥을 대신 받기도 했다(정조 10).

심지어는 한 양반 고리대금업자가 돈을 빌려준 양인 여자가 갚지 않자 그녀를 자기 집의 노비의 소생이라고 서류를 조작해 종으로 삼으려 했던 일도 있었다. 남부의 서조이徐召史라는 여인은 할아버지가 살아 있을 때 와서에 사는 이씨 양반에게 10냥을 빌렸으나 갚질 못했다. 몇 년이 지난 후에 양반의 손자가 그걸 빌미로 강제로 끌고 와 일을 시키자 서조이가 격쟁을 통해 억울함을 호소하기도 했다(정조 10).

사채뿐 아니라 이웃 간 채무로 인한 갈등도 극심했다. 한성부 서부의 김수해金壽海는 장복대張福大가 누룩 값을 갚지 않자 화가 나서 구타했으며(정조 6), 이복운李福雲은 사촌 처남인 조윤징曺潤徵이 돈을 갚지 않는다고 함께 잠을 자다가 목을 졸라 죽였다(철종 2). 중부의 허남許楠은 변응두邊應斗를 발로 차서 4일 만에 죽게 했는데, 이 또한 채무 때문이었다(철종 2).

채무관계 외에 시장에서의 거래나 수금 문제로 폭행이 일어나기도 했다. 헌종 11년 서부의 백용득白龍得은 유중엽柳中燁을 구타해 6일 만에 죽게 했다. 둘은 친한 사이로, 백용득이 좌판 행상하는 유중엽에게 5푼을 주고 말고기를 사려 했으나, 그가 판매를 거절하자 그냥 고기를 가지고 가려 했다. 유중엽이 왜 남의 물건을 억지로 빼앗냐고 하자 백용득은 좌판 위로 고기를 던졌으며, 이로 인해 두 사람 간 싸움이 벌어졌다. 이성돌李聖乭은 이웃 박씨의 집에서 우물을 판 후 수고비를 요구했으나, 박씨의 조카가 지급을 거절하며 그를 구타하기도 했다(헌종 4). 이밖에 서부의 박재수朴再修는 신경申曔이 담배를 지급하지 않은 것에 분이 나서 칼로 찔러 살해하는 일도 있었다(순조 14).

재물로 인한 갈등 가운데 가장 빈번한 것은 쌀 문제였다. 대표적인 예가 서부에 사는 임지욱林枝郁 사건이다.

임지욱은 이웃에 사는 박순돌을 때려 다음날 죽게 했는데, 이유는 쌀을 잃어버렸기 때문이었다. 그는 자기 집 담에 쌓아놓은 쌀 포대를 도둑맞았으며, 이날 잠들어 있을 때 물을 긷는다는 핑계로 집에 들어온 박순돌의 아내를 도둑으로 의심했다.

쌀 때문에 동료 간에 폭행이 일어나기도 했다. 김호랑金虎浪과 김춘석金春石은 이웃으로 선혜청에서 함께 일하는 동료였다. 마침 선혜청으로 세곡이 올라올 때 김호랑은 몸이 아파 자기 집에 누워 있었으며 다음날에도 오후에야

조선시대 나무시장이 열린 모습.

출근했다. 이에 김춘석이 혼자 세곡을 옮긴 후 땅에 떨어진 나락을 수습하여 자루에 넣었다. 마침 이를 본 김호랑은 자신에게 쌀을 나누어주지 않는다며 자루를 빼앗아 마당으로 던져버린 후 김춘석을 때렸는데, 본인이 더 심하게 맞아 4일 만에 죽고 말았다(순조 24).

　서울 시민은 쌀에 민감했다. 한성부의 미곡 수급은 어려울 때가 많았다. 쌀 상인들은 한성부에 공급하는 쌀값이 다른 지역에 비해 낮을 경우 흉년이 들어 비싸게 오른 지역으로 옮겨갔기 때문이다. 여기에 각 군문軍門, 아문衙門, 궁방宮房에서 거두어들이는 쌀은 모두 사람을 보내 작전作錢*해서 받았기 때문에 한성부민들이 쌀을 살 수 없는 일이 많았다. 게다가 시전의 상인들은 전국 각지의 물가를 잘 알고 있었고, 또 여럿이 합자하여 생산지에 가서 다소 값을 비싸게 주고서라도 상품을 모조리 매점해 비싼 값에 팔아 폭리를 남겼다. 자연적으로 서울의 쌀값은 급등했고, 부민들의 재정적 궁핍도는 심화되었다.

---

* 전세田稅를 받을 때에 곡식 대신에 돈으로 환산하여 바치게 하던 일.

땔나무 역시 마찬가지였다. 한성부의 땔나무 값이 자주 급등했다. 한성부의 경우 인근의 산에서 소나무 작벌을 국가가 금했기 때문에 땔나무를 모두 돈을 주고 사야 했다. 각지의 소나무는 뚝섬이나 두모포 등지로 집중되었는데, 수익을 높이기 위해 모리배들이 상류에 땔나무를 쌓아놓고 경강으로 조금씩 수송해 값을 올렸다.

쌀을 둘러싼 시전인과 한성부민간의 대립은 1833년(순조 33)에 민중 소요로 폭발되었다. 그해에는 풍년이 들어 한강에 쌀이 많이 들어와 물가가 안정될 수 있었으나 경강상인들은 이익을 꾀하려고 여객을 지휘해 곡식을 숨겼으며, 여기에 시전인들이 호응해 기어코 쌀값을 올려놓은 것이다.

여기에 더해서 미곡 상인들은 한 곳도 남김없이 도성안의 쌀가게 문을 닫아버렸다. 자연히 백성들은 돈을 가지고도 쌀을 사지 못했으며, 당장 끼니를 먹지 못해 강상의 곡물을 쌓아둔 집에 불을 지르는 지경에 이르렀다.

남편의 적에게 휘두른
절굿공이의 진실은 무엇인가

사건 11

양반집 과부와 바람난
정경문 구타 살해 사건

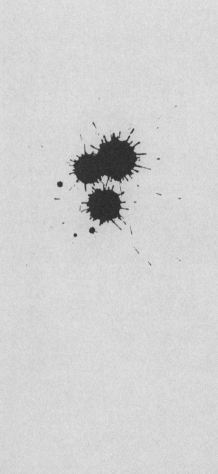

1786년(정조 10) 황해도 해주에 사는 정경문이 옷이 벗겨진 채 마당에 거꾸로 세워져 죽어 있었다. 정경문은 조명득의 누이동생이자 이언성의 제수인 과부 조씨 부인과 정을 통한 사이였다. 이 사실을 안 조명득과 이언성 두 집안의 사람들은 서로 규합하여 간부姦夫인 정경문을 구타해 결국 죽게 만들었다.

여자 집안에서 간부를 때려죽이다
내외법이 지배한 조선사회

조선시대에는 여성을 규제할 때 내외법內外法이라는 걸 적용했다. 부부유별 내지 남녀분간을 강조해 '남자는 바깥, 여자는 안'이라는 엄격한 역할 관념이 주어졌다. 집을 지을 때에도 내외를 구분해 남자는 바깥에 거처하고 여자는 안쪽에 거처했으며, 남자는 함부로 내당內堂에 들지 않고, 여자는 밖에 나가지 않았다. 또한 남자는 집안일을 말하지 않았고 여자는 바깥일을 말하지 않았다[男不言內 女不言外].

심지어 여자는 가족이나 친척 이외의 남자에 대해서는 근신이 요구되었고 불가피한 경우에는 제3자를 통해서 말을 전하는 형식을 취했다. 남녀는 제사나 상사喪事가 아니면 물건을 주고받지 않았고, 부득이 물건을 주고받아야 할 경우에는 여자 쪽에서 광주리를 써서 물건을 받도록 했으며, 광주리가 없을 때에는 남녀가 모두 앉아서 한편에서 물건을 내려놓으면 상대방이 그것을 취하도록 했다. '남녀칠세부동석'이라는 말은 바로 여성 교육의 첫 구절로 남자와의 분별에서 나아가 규문 안에 거처해야 한다는 격리 규정인 것이다. 이처럼 '내외'란 본래 남녀 간의 예의 혹은 역할 분담, 접촉 금지 등을 권장하는 것이지만, 조선시대에는 여기에 머무르지 않고 국가에 의해서 하나의 법률로 정해져 시행되었다. 태조 원년 9월에 남재南在가 여성의 외출을 규제하는 건의를 한 것으로 시작해 여성은 가까운 친척의 장례 외에는 내왕하지 못했다. 특히 사찰로의 외출을 엄금했으며, 부득이 나갈 때에는 얼굴을 가리고 신분이 높으면 옥교屋轎를 타게 했다.

이러한 조항들은 또한 조선 성종대 『경국대전』 형전刑典에 규정되었다. 부녀자들의 사찰 출입이 금지되고, 사족의 부녀가 산간이나 물가에서 놀이를 하거나 잔치를 하는 것, 야제野祭, 산천 성황의 사묘제祠廟祭를 직접 지내는 것도 금지됐다. 만약 이를 행할 경우 곤장 100대의 형벌에 처했다.

이런 생활 규제들은 여성의 재가 금지로 이어졌다. 결혼을 세 번 이상 한 여자를 정절을 잃은 실행녀로 규정해, 품행이 바르지 않거나 음탕한 여자들을 기록한 『자녀안恣女案』에 기재하도록 했다. 또한 이들

조선시대 상류층 부인들이 타던 옥교. 태조 원년 9월에 남재南在가 부인들의 외출을 금지하는 상소를 올린다. 여성의 발에 족쇄가 채워진 것이 바로 이 주장이 받아들여져 법으로 제도화된 다음부터다.

"부인은 바깥일이 없고 오직 집안일 시중에 주력해야 할 뿐인데, 사대부 부인들이 가마나 말을 타지 않고 도로에서 걸어다니니 심히 부인의 도를 잃은 것입니다. 이제부터 부모를 만나는 일 외에는 출입할 수 없게 하고 또한 길거리를 걸어다닐 수 없게 하여 풍속을 바로 하십시오. 만약 위반하는 자가 있으면 헌사憲司에서 살펴 다스리게 하십시오."(『태종실록』권32, 태종 16년 8월 기묘)

자식의 벼슬길은 가로막혔다. 성종 3년, 세 번 시집간 여자들의 자식은 과거 시험을 보지 못하게 했으며, 성종 8년에는 재가녀로 기준이 더욱 엄해졌다. 중종 23년에는 이러한 규제법이 재가녀를 직접 규제하는 것이 아니어서 사족녀의 재가를 근절시키지 못하자, 재가한 사족 부녀를 추문推問해 그 가장을 치죄治罪하기도 했다.

이와 함께 국가는 유교적 정절관을 강화하기 위해 열녀를 정표하는 포상책을 적극적으로 시행했다. 과부로서 재혼하지 않고 정절을 지킨 여성의 집 앞에 정려문을 세워 그녀의 덕행을 알렸으며, 그 집안의 세금을 면제해주었다. 노비는 양인으로 신분을 상승시켜주기도 했다. 이러한 여성 교화 정책은 조선 초 그 대상이 양반층에 국한돼 있었으나, 이후 점차 일반 평민 여성들에게도 영향을 줘 사회적 관습이 되었다.

정경문의 죽음에 대한
검험이 시작되다

사정이 이렇게 되자 과부의 간통이나 재혼은 그 집안의 수치심으로 작용했다. 정경문과 과부 조씨 또한 이러한 사회적 인식을 누구보다도 잘 알고 있었다. 그렇기 때문에 둘은 집안사람들 몰래 야반도주해 가정을 이룰 생각을 하고 있었다. 정경문은 도망칠 계획을 세운 후 조씨의 집안 세간을 가져오기 위해 밤을 틈타 몰래 이언성의 집으로 들어갔다. 부엌에서 솥단지를 훔쳐오려는 순간, 이를 눈치챈 이언성에게 현장에서 붙잡혀 서로 싸우다가 그대로 도망쳐 집으로 돌아왔다.

이언성은 죽은 동생의 부인이 외간 남자와 도망칠 계획을 한 것이 너무나 분했다. 이 모든 일을 간부인 정경문이 부추겼다고 생각했다. 그는 과부 조씨의 동생인 조명득·조명대 형제와 자신의 처첩을 이끌고 정경문의 집으로 몰려갔다. 이들은 합세해 집 문짝을 주먹으로 치고 발로 찼다. 몇 명은 뒤로 돌아가 담을 넘어가는지를 감시했고, 문이 떨어져나가자 정경문을 끌어낸 후 앞뒤를 불문하고 마구 구타했다. 정경문은 상투가 풀려지고 결박당한 채 몽둥이로 마구 맞았으며, 벌거벗겨진 채로 눈이 내린 마당에 거꾸로 세워져 하루 밤낮을 지내야만 했다. 결국 그는 추위와 구타를 견디지 못한 채 다음날 사망했다.

정경문이 사망하자 아버지 정두심은 관아에 고발장을 내고 사건의 조사를 의뢰했다. 황해도 해주목사는 검험을 명령했고, 초검관은 정경문의 이마가 구타로 손상되어 사망한 것으로 결론을 내렸다. 워낙 떠들썩하게 동네가 구경한 사건이라 구타한 사람들이 모조리 불려왔다. 마을 사람들은 이언성은 여동생을 위해, 조명득은 형수를 위해 부끄럽고 분한 마음에 때리기도 하고 묶기도 했는데, 요해처를 가리지 않고 마구 구타했다고 진술했다. 구타에 사용된 도구는 절굿공이와 목침 등이었다. 이마에 난 상흔이 두 번의 검시를 통해서 분명해졌기 때문에 관련 죄인인 이언성과 조명득 모두 관아로 불려왔다. 제일 먼저 과부 조씨의 오빠인 조명득에 대한 신문이 이루어졌다.

"제 누이동생은 젊은 나이에 남편을 잃고 이언성의 집에 의탁하고 있었습니다. 이달 17일 밤에 이언성이 와서 저를 부르고는 '정경문이 네 누이동생을 겁탈했다'고 말했습니다. 그래서 제가 쫓아갔더니 이언성과 그의 처첩이 이미 정경문과 서로 붙잡고 싸우는 중이었습니다. 저는 단지 정경문을 결박했을 뿐입니다. 전하는 말을 들었더니 정경문이 이언성의 집에 가서 서로 싸울 때 이언성의 처가 절굿공이로 정경문의 머리를 때렸다고 했습니다. 저는 정말 구타한 일이 없습니다."

이언성 또한 초사에서 다음과 같이 말했다.

"제수인 조씨는 정경문과 간통한 사이로 도망가서 살 생각으로 밤에 와서 솥을 뽑아가려 했습니다. 제가 달려들어 구타했더니 이내 도망갔습니다. 이에 제가 조명득의 부자·형제를 불러가지고 정경문의 집에 쫓아갔지만 그를 끌어내다가 방 안에서 넘어지고 말았습니다. 그 틈에 조명득 형제가 정경문을 결박해 거꾸로 세워놨으며, 저는 넘어진 채 정신이 없어 인사불성이었습니다."

두 사람 모두 정경문을 때리지 않았다는 것이다. 마을 사람들의 증언과 너무 달라 관헌들은 이들이 거짓을 고한다 생각하며 더욱 엄하게 취조하려고 했다. 그런데 전혀 뜻밖의 일이 발생했다.

이언성이 잡혀간 이튿날 그의 정처 오조이가 간수를 마시고 자살한 것이다. 이언성의 첩 전조이가 관아에 달려와 억울한 사정을 하소연했다. 그녀는 적실인 오조이가 정경문을 절굿공이로 때린 뒤 겁이 나서 자살했고, 남편 이언성과 조명득은 죄가 없다며 오히려 호소를 해왔다. 일이 이렇게 되자 정경문을 죽인 정범에 해당하는 자는 이언성과 그의 부인 오조이·조명득 등 모두 3명이 되었다. 시친들은 오조이가 자살한 이유를 절굿공이로 정경문을 때려죽인 후 사형에 처할 것을 두려워한 나머지 저지른 일이라고 말했다. 이언성 또한 진술에서 정경문이 죽게 된 이유는 자신의 아내 때문이며, 조명득이 정범으로 지목된 것은 억울한 일이라고 했다. 초검과 재검에서 이러한 정황을 아뢰지 못한 것은 정신이 혼미했기 때문이라고 둘러댔다.

이언성의 적처 오조이, 집안사람들에 의해 주범으로 몰리다

3명이 정범으로 올라왔으나 계책을 꾸미고 범행을 한 데 있어 누가 주범이고 누가 종범인지를 파악할 수 없었다. 먼저 손을 쓴 것이 누구이며, 누구의 손찌검이 심했는가의 여부로 따진다면 조명득이 주범이 되었고 이언성은 종범이 되었다. 황해도 관찰사 김사목金思穆은 이언성이 노쇠한 사람이기 때문에 그 정황이 황당하고 창피해 무섭게 소리칠 수 있었겠지만, 정경문을 두들겨 팰 정도의 힘은 없었을 것이라 여겼다. 사실 사건 당일 이언성은 이미 정경문에게 밀침을 당해 쓰러졌고, 정경문이 도망가 그를 쫓을 때도 힘이 다 빠진 상태였음을 증인들과 자신의 초사에서 확인할 수 있었다. 반면 조명득은 정경문의 상투를 끌러낸 뒤 그를 결박하고 몽둥이로 마구 때렸는데, 이는 피붙이로서의 분노가 이언성보다 심했기 때문이다. 초검관과 복검관은 조명득을 이 사건의 주범으로 이언성은 종범으로 파악했다.

그런데 이제 와 이언성의 첩 전조이가 억울함을 호소하며 정경문을 죽인 주범으로 자살한 오조이를 지목했다. 시친들은 재앙에서 벗어나고자 이미 고인이 된 사람 뒤에 숨으려 했던 것이다.

신임 관찰사 이시수는 사계에서 다음과 같이 말했다.

"정경문이 얻어맞을 때 이언성의 처첩과 조명득의 처첩이 한마음으로 힘을 합쳐 마구 때렸습니다. 절굿공이든 목침이든 애초에 가리지 않았으며, 몽둥이로 때리거나 새끼줄로 잡아맨 후 발가벗겨 눈 내린 마당에 놓아둔 채 새벽이 되고 대낮이 되게 그냥 두었습니다. 사망한 원인은 이처럼 한두 가지가 아닙니다. 그렇기에 이마의 상처에 대한 실인을 가지고 서로 책임을 전가하고 있습니다. 만약 여러 사람이 함께 때렸는데 우연히 조명득의 손에 사망한 것이라고 말한다면 혹시 옳을지 모르지만, 조명득이 애초에 범행한 바가 없다고 말한다면 결단코 사리에 벗어나는 것입니다. 그런데 지금에 와서는 이미 죽은 오여인에게 죄를 전가하고 있으니 실로 악독하기 그지없습니다."

간통녀인 과부 조씨가 바친 초사에는 이언성이 뛰어나와 정경문의 머리채를 휘어잡고 구타했다고 했다. 이언성은 나이가 많은 노약자로 집 안이 정경문의 침입으로 떠들썩해질 때 이미 그에게 밀침을 당해 쓰러져 맞았고, 도망가는 정경문을 뒤쫓아갈 때 그나마 남은 힘도 모두 빠진 상태였다. 따라서 이언성이 정경문에게 위협이나 공갈은 했을지 몰라도 때릴 힘은 없었다. 이는 여러 사람의 진술이 똑같은 점으로 미루어 사실임을 알 수 있었다. 하지만 조명득은 정경문의 상투를 풀고 결박해 몽둥이로 마구 때렸으며 옷을 벌거벗겨 눈이 쌓인 뜰에 놓아두고 하루 밤낮을 지나게 했다. 또한 정경문의 집안사람이 와서 구해내려고 하자 그들을 꾸짖어 물리쳤으며, 눈앞에서 정경문의 숨이 끊어지는 것을 지켜보고 있었다.

오조이는 남편 이언성이 정경문과 서로 싸우다가 남편이 곤경에 빠지자 이를 벗어나게 하기 위해 절굿공이로 정경문을 구타했다. 오조이의 범행은 일종의 정당방위에 가까웠다. 반면 전조이의 진술에 따르면 오조이가 정경문의 두 눈썹 사이를 쳐서 살이 터지고 뼈가 깨지게 됐다고 했다. 만약 이것이 사실이라면 정경문은 즉시 땅에 쓰러져 인사불성이 됐을 것이다. 그런데 정경문은 당일 이언성의 집에서 도망가 집으로 돌아갔으며 평상시와 마찬가지로 행동했다. 몸의 치명처를 절굿공이로 맞고도 어떻게 집에 돌아갈 수 있었을까 의문이었다.

게다가 만약 정경문이 정말 오조이에게 맞아 죽었다면 아버지 정두심은 자식의 죽음을 복수하려는 마음에서 그녀를 정범으로 지목했어야 옳다. 정두심이 사건을 고발할 때에는 그녀가 자살하기 전이었다. 그런데 정두심은 오조이를 내버려둔 채 조명득을 정범으로 지목했다. 오조이가 정범이라면 실제 범행을 한 사람을 제쳐놓고 죄가 없는 조명득을 끌어들일 수는 없었다. 이처럼 이언성과 조명득 집안사람들의 말은 앞뒤가 맞지 않았다.

일이 이렇게 되면 전조이의 진술은 거짓임이 드러나는 것이다. 특히 조선시대에는 사람을 살해한 경우뿐만 아니라 자손이 조부모·부모를 무고하거나 노비 또는 고공인이 가장을 무고해도 사형에 처했다. 아울러 죄 없는 사람을 사형죄로 무고해도 무고한 자에게는 사형의 형벌이 내려졌다. 전조이의 경우 살인죄로 적처 오조이를 무고했으니 그 죄는

절구는 곡식을 빻는 도구이다. 조선시대 여인들에게 절구는 몸의 일부와도 같은 부엌살림이었다. 보릿고개가 끝나갈 무렵 보리 나락을 저 안에 들이붓고 빻는 일은 힘들지만 즐거웠을 것이다. 평생을 절구질과 살아왔을 오조이에게 절굿공이는 보이는 크기와 들리는 무게와는 달리 다루기 쉬운 물건이었다. 남편이 밀려 넘어져 임기응변으로 나온 행동이었겠지만, 간부의 머리를 내리치는 일은 오조이에게 순식간에 해치울 수 있는 쉬운 일이었다.

마땅히 사형에 해당했다. 다만 그 사실이 적처를 죽이려는 데에 있지 않고 남편을 살리려는 데 있었으며, 자기 뜻에서 나온 것이 아니라 남편의 명에서 나왔고, 살아 있는 사람을 무고한 것이 아니라 이미 죽은 사람을 무고한 것이기 때문에 용서할 근거가 있었다.

결국 오조이의 유족 또한 그녀가 전조이의 진술처럼 정경문을 때려 죽인 나머지 자살한 것이 아니라, 남편이 사람을 죽이자 놀라고 겁나 좁은 소견에 엄청난 재앙이 닥칠까봐 죽는 것이 낫다며 간수를 마신 것이라고 결론지었다.

국왕 정조,
의외의 판결을 내리다

과부 조씨는 음부淫婦였다. 그녀는 양반의 신분으로 상천과는 사회적 지위가 달랐다. 그러한 여인이 간통 행위를 했으니 식구인 이언성과 조명득은 집안의 수치로 여겨 그녀를 추행으로 이끈 정경문을 죽이고 싶어했음은 빤한 이치였다. 이들의 처벌에 대해 관찰사는 '함께 때렸는데 우연히 사망한 것'이라든가 '정리情理로써 따진다'든가 하면서 용서할 길이 조금은 있는 것처럼 말했다. 그러나 형조는 법을 지키는 곳이었으므로 다른 의논은 없이 이언성과 조명득을 법에 의해 사형에 처할 것을 주장했다.

정조는 정경문 살해 사건에서 음부인 과부 조씨가 죽지 않은 것을 의아해했다. 그는 조씨는 죽이지 않고 간부 정경문만을 죽였으니 이 옥안을 보는 사람이면 누구라도 팔뚝을 걷으면서 분개할 것이라고 말했다. 특히 조명득은 남매의 정에 이끌려 동생 조씨를 죽이지 못했다 하더라도, 이언성은 무슨 까닭으로 과부가 된 제수가 외간 남자와 간통하는 것을 눈으로 보고서도 현장에서 즉시 죽이지 못했을까 의아해했다. 정조는 살인의 옥사가 이뤄지기는 간부만 죽이나 음부와 간부를 모두 죽이나 매일반이라고 하면서, 간부는 죽이고 음부는 놓아준 이언성과 조명득을 어리석은 사람들이라고 했다.

정조는 일곱 가지 이유를 들어 이들의 용서를 명했다. 『추관지』에 실린 정조의 의견은 이러했다.

첫째, 법률에 '사족의 부녀로서 음욕을 자행해 풍속과 교화를 더럽힌 경우에는 그 간부와 아울러 교형에 처한다'고 했다. 정경문이 살았던들 이 규정을 어떻게 면할 수 있겠는가.

둘째, 『대전통편』에 보면 어미가 남몰래 간통했을 때 자식 된 자가 간부를 살해하는 것은 도리어 아비에게 의리를 지키기 위해 죽이는 것에 가까우므로 사형에 처하지 않는다. 그러므로 제수나 누이동생의 간부를 살해한 경우도 마땅히 용서받을 수 있다.

셋째, 음란한 행동을 한 과부 조씨는 법망을 빠져나가고, 아우를 위하고 누이동생을 위하고 가문을 위하고 강상을 위하여 분노를 썻고 원한을 푼 이들을 어찌 옥중에서 사망하게 만들 수 있겠는가.

넷째, 간부 정경문은 사대부의 부녀를 간통했으므로 응당 사형에 처해야 할 것이고 개인적 정황으로 봐도 마땅히 죽어야 할 놈이다. 단지 본남편이 사망한 지 오래되어 죽어야 할 손에 죽지 아니했을 뿐이다. 그가 피살

열녀문.

정조는 이번 사건을 강상의 윤리로 해석하고 처리했다. 간통 죄인은 아무리 백성들끼리의 사적 형벌이었지만 맞아죽어도 큰 하자가 없다는 입장을 보여줬다. 그는 정경문이 비록 살았더라도 교형을 면하지 못했을 것이라고 지적했으며, 그를 죽인 가족들의 죄를 가볍게 해주었다. 그리고 이언성의 처 오조이는 남편의 일로 죽어 습속을 두터이 하는 도리를 보였기 때문에 열녀로 표상할 만하다고 명했다.

된 것은 까닭 없이 죽은 것도 잘못 죽은 것도 아니다.

다섯째, 정경문을 함께 구타한 자가 남자 3인, 여자 2인인데 어찌 피차간에 차이가 있을 수 있겠는가. 그러니 누구는 존장尊長으로 책임을 져야 하고 누구는 가속으로 책임이 없겠는가.

여섯째, 이언성의 처 오 여인은 그 남편이 비명에 죽을 것을 애통하게 여겨 옥안이 이뤄지기 전에 자살했다. 이 옥사에어 사형을 시킨다면 이는 정경문을 위한 것이 되어 도리어 오 여인으로 하여금 구천 아래에서 원한이 맺히게 할 뿐이다.

정조가 든 핵심적인 이유는 증인들이 자격이 없다는 점과, 정경문은 죽어도 되는 자라는 점이다. 또한 어미가 간통해 그 자식 된 자가 간부를 살해할 경우 사형에 처하지 않는다는 점 등을 들어 조명득과 이언성은 용서할 수 있다고 했다. 그리하여 정조는 조명득과 이언성을 석방하되 '관아에 고하지 않고 멋대로 살해한 것에 대한 조문'에 의해 1차 형추만 하라고 명했다. 그 대신 음녀인 과부 조씨의 처벌을 강화했다. 정조는 과부 조씨에 대해 사형에 처하는 법을 시행하는 것은 과도하고 그렇다고 해주의 노비로 신분을 떨어뜨리기만 하는 것은 너무 관대하므로 관찰사로 하여금 직접 3차 엄형을 집행한 후 멀고 험한 땅[遠惡地]으로 보내 관비로 영구히 귀속되게 했다. 반면 이언성의 처 오조이는 남편의 일로 죽어 습속을 두터이 하는 도리이므로 열녀로 표상할 만하다고 명했다.

박취 행위를
치도율로 다스려라

사건 **12**

조선후기 보쌈의 유행과
어처구니없는 비극

조선시대에는 아무리 급박해도
시체 해부가 허락되지 않았다

　병신년(영조52) 8월. 경기도 장단에 사는 최원세가 목에 허리띠를 두
른 채 사망해 장단부의 수령은 즉시 검험을 실시했다.

　오늘날에는 살인 사건이 발생해 사망 원인을 분석할 경우 가장 효과
적으로 사용하는 방법은 바로 시신을 해부하는 것이다. 반면 조선시대
사람들은 '신체발부수지부모身體髮膚受之父母'라 하여 부모에게서 물려
받은 몸을 소중히 여겼다. 이러한 인식 때문에 검시에서 시신을 해부
하는 것은 용납되지 않아, 겉으로 드러나는 시체의 안색과 피부색의
관찰이 검시의 전부였다. 시신의 안색이 푸르거나 검을 경우 질식사나
독살로 사망 원인을 판단했으며, 백색의 살빛을 띨 경우에는 살해한 후
위장한 것으로 여겼다. 죽은 후에 끈이나 줄로 손발이나 목을 결박한
경우 이미 기혈이 통하지 않기 때문에 상흔이 검붉거나 붉지 않고 흰색
을 띠었다.

　이처럼 당시의 검시가 죽은 사람의 안색이나 피부색에 크게 의존했

기 때문에 이를 위장해 타살의 흔적을 없애거나 혹은 타살인 것처럼 만드는 기술 또한 발달했다.

가령 둔기, 흉기 등으로 구타하거나 살해한 경우 상흔은 푸르거나 붉은빛을 띠었는데, 상처 부위에 갯버들 나무껍질을 덮어두면 그 안이 짓무르고 상해 검은빛으로 바뀌었다.

반대로 구타당한 상처를 만들 수도 있었다. 대나무 꼬챙이를 불에 태워 지지면 피부가 타서 검은 흔적이 생기는데, 이 경우 구타당한 상흔과 달리 붓지 않았고 검붉거나 단단하지 않았다. 이에 간교한 사람들은 이러한 방법을 이용해 구타의 흔적을 위조하고, 자신의 죄를 회피하려고 했다. 따라서 검험관들은 상흔의 색깔뿐 아니라 상처 부위를 손으로 만져 부어오르거나 단단하지 않으면 위장의 흔적으로 파악했다. 검시는 교묘한 위장과의 싸움이기도 했다.

무엇보다도 살해 후 목을 매어 자살한 것처럼 조작한 '조액사弔縊死'를 가장 판별하기 어려웠다. 이때에는 시신의 상태뿐 아니라 목을 맨 장소, 목을 맬 수 있는 높이, 목을 매단 끈, 주변의 정황까지 살펴 자살인지 타살인지를 살폈다.

이번에 죽은 최원세의 경우는 최종 발견 단계에서 이미 허리띠로 목을 맨 정황을 확인할 수 있었다. 목 주변으로 목 졸린 상처가 있었으며, 피부색은 청적색으로 변해 있었다. 배꼽 부위는 자주색을 띠고 딱딱했으며, 급소인 고환 부위는 피부가 벗겨지고 적흑색을 띠었다.

『무원록』에서는 스스로 목을 매거나 남에게 목을 졸린 경우, 혹은 살해하고서 자액自縊으로 위장한 경우가 상세히 설명돼 있었다.

> ### 『무원록』의 목을 매거나 목이 졸린 경우
>
> 스스로 목을 조른(자액) 경우 끈이나 띠, 새끼줄, 천 등을 사용해 매는데, 얽어맨 줄이 교차해 좌우 귀 뒤까지 이르렀고 상처의 흔적은 매우 검붉은 색을 띤다. 시신의 모습은 대체로 눈은 감겨져 있고 입술은 벌어져 있으며, 손은 쥐고 치아가 드러나 있다. 반면 목이 졸려 죽은 시체는 입은 벌어져 있고 눈은 떠 있으며, 목 위로 검은 색을 띤 상흔이 있다. 남에게 주먹으로 맞고 발로 채여 죽임을 당한 후 자액인 것처럼 위장돼 목이 매여 죽으면 입과 눈은 많이 벌어져 있고 양손은 풀어져 있으며, 상투는 늘어져 있다. 몸의 급소 부위에는 치명적인 상처가 있으며, 숨통 부분에는 다른 사람에 의해 목이 졸리고 매달린 흔적이 있다. 특히 숨통 부분에는 피가 맺힌 검붉은 자국이 없으나 목 위로 손톱에 긁힌 흔적이 있으며, 혀가 나오지 않는다.

죽은 최원세는 목이 졸린 채 발견됐지만 목 주변의 상처가 그렇게 진하지 않았으며, 혀도 나오지 않았다. 『무원록』에선 숨이 막 넘어가려 할 때 약간만 힘을 줘 목을 조르면 혀가 약간 빠져나오지만 이빨에 깨물리지는 않는다고 했다. 최원세의 상태는 정확히 그러했다. 그렇다면 누군가가 최원세의 목을 졸랐다고밖에 볼 수 없었다. 검험관들은 그의 사망 원인을 스스로 목을 매달아 죽은 자액이 아니라 누군가에 의해 발에 채여 죽은 것으로 결론을 내렸다.

과부 팔자 타고난 딸 위해 남자 납치
약탈 보쌈의 치욕으로 자살하는 여인들

최원세는 무슨 이유로 구타를 당해 죽었을까. 그는 일정한 거주지가 없는 떠돌이였다. 고지방高之方을 주인으로 섬기면서 그 밑에서 일하고 있었다. 마을 사람들의 진술에 의하면 사건 당일 최원세는 고지방의 부탁으로 김용손·고지방과 함께 이웃 동네에 살고 있는 과부를 보쌈하려 했다. 고지방이 과부를 안고 나와 최원세에게 주려고 할 때, 이를 알고 마을 사람들이 몰려나와 그들을 쫓아냈으며, 이들은 과부를 업고 오지도 못한 채 쫓기는 사람들처럼 도망쳤다고 한다.

조선시대 국가는 풍속의 교화와 여성의 부덕婦德을 강화하는 정책을 적극적으로 실시했다. 그 방편으로 세종대에는 유교의 실천 윤리를 보급하기 위해 『삼강행실도』를 간행했다. 이 책은 백성들의 교육을 위한 일련의 윤리·도덕 교과서로, 조선과 중국의 서적에서 군신·부자·부부 등 삼강의 모범이 될 만한 충신·효자·열녀를 각각 35명씩 모두 105명을 뽑아 그 행적을 칭송했다. 국가에서는 충·효·정절의식이 조선사회 전반에 퍼지게 하기 위해 『삼강행실도』를 한글로도 편찬했을 뿐 아니라, 편마다 그림을 넣어 내용을 한눈에 알아볼 수 있게 했다.

그 가운데 특히 여성의 정절 관념은 국가의 적극적인 장려 정책에 따라 조선후기에 이르면 점차 일반 평민 여성들에게도 영향을 줘 사회 관습화가 되었다. 이러한 양상은 임진왜란·병자호란 과정에서 많은 여성들이 정절을 지키며 죽어갔고, 『삼강행실도』의 속편으로서 1617년(광해군 9)에 유근이 편찬한 『동국신속삼강행실도』에 열녀의 수가 436건으로 증가한 것에서도 알 수 있었다.

두 차례의 왜란을 겪은 후 문제가 된 것은 여성들의 실절失節이었다. 양반들은 전쟁으로 인해 윤리가 문란해졌다며, 혼란과 무질서 속에서

질서를 회복하고 안정을 추구하기 위해서는 예를 강조할 필요가 있다고 주장했다. 그 가운데에서도 여성의 정절과 순종은 더욱 강조돼 과부의 재가는 더욱더 금지되었다.

이러한 사회 규제 속에서 나타난 사회 현상이 바로 약탈혼 또는 납치혼의 성격을 띤 '보쌈'이라는 풍습이었다. 보쌈을 하는 이유는 크게 세 가지였다.

먼저, 과부가 될 사주팔자를 가진 처녀의 집안에서는 밤에 외간 남자를 자루 속에 싸서 잡아다가 강제로 처녀와 동침시킴으로써 액운을 물리칠 수 있다고 믿었다. 즉 보쌈한 총각과 동침하면 그 처녀는 과부가 된 것과 같은 결과가 되어 과부의 액운을 면했다고 믿으며, 다른 곳으로 안심하고 시집갈 수 있다고 생각했다. 이것은 남편을 둘 이상 섬겨야 할 팔자를 타고 난 딸을 위해 양반집에서 주로 행하던 것으로, 잡혀온 남자는 함구령이 내려진 채 방면되거나 때로는 죽임을 당하기도 했다.

양인층의 수절 과부가 짝을 찾지 못한 홀아비나 총각을 같은 방식으로 납치해오는 일도 보쌈이라고 했다. 이를 '홀아비 보쌈' '총각 보쌈'이라 부르기도 했다. 반대로 노총각이나 홀아비들이 과부를 자루에 싸서 데려와 혼인하는 풍습도 있는데, '과부 보쌈' 혹은 '과부 업어가기'라고 했다.

과부 보쌈에는 과부 본인이나 그의 부모들과 내약 끝에 보쌈해가는 방식이 있는가 하면, 합의 없이 약탈해가는 방식도 있었다. 과부나 부모들의 은밀한 약속하에 보쌈하는 경우는 그간 정을 통해온 여자와 혼인하기 위해 보쌈의 형식을 빌리는 것이었다.

강제로 과부를 보쌈할 때는 사전에 과부의 거처를 탐지해두었다가
밤중에 침입해 보쌈한 뒤 억지로 정을 통해 배우자로 삼았다. 이럴 때
가족과 싸움이 벌어지기도 했고 과부가 목을 매어 자살하기도 했다.
1904년 전라도 고부군에서는 과부 이씨가 보쌈을 당한 후 그 치욕을
이기지 못해 스스로 목을 매어 자살하기도 했다.

이밖에 소박을 맞은 여인이 친정에 돌아갈 수도 없는 처지가 되었을
때 이른 새벽에 성황당에서 기다리다가 보쌈해가기를 기다리는 경우
도 있다. 이 경우 소박녀는 남편의 저고리 옷섶을 세모꼴로 찢은 이혼
증표인 '나비 베(할급휴서割給休書)'를 지니고, 등에는 이불보를 진 채 성
황당에서 서성거렸다. 그러면 이곳을 지나는 첫번째 남자는 소박녀의
등에 진 이불보로 보쌈해 집으로 데리고 와 처나 첩으로 삼았다. 이것
을 첩을 줍는다는 의미로 '습첩拾妾'이라 했는데, 소박녀를 최초로 만
난 남자는 지위 고하를 막론하고 데리고 살아야 하는 관습적인 의무가
지워졌다.

조선후기에 이르면 이와 같은 과부나 처녀의 보쌈은 빈번하게 발생
해 그 폐해가 많았다. 1805년(순조 5) 형조판서 이면긍은 보쌈에 대한
폐해를 다음과 같이 언급했다.

"우리 동방은 원래 예의의 나라라고 칭하여 비록 향간의 서인에 있어서
도 혼인할 때에는 각각 응행하는 예절이 있습니다. 그런데 근래에 와서
지방의 마을 간에 혹 양녀로서 수절하는 과부가 있으면 강폭한 자가 많은
도당을 거느리고 밤중에 와 과부를 겁탈하거나 결박해 데려온 후에는 박
취縛娶라고 이름한다 합니다. 이러한 행동은 풍속을 상해하고 윤리를 패

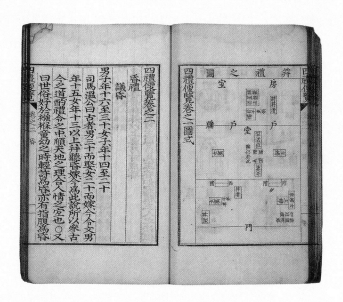

『사례편람四禮便覽』(8권 4책, 목판본), 1844년(헌종 10), 34.0×21.3cm.

조선후기의 학자이자 정치가인 이재李縡가 편술한, 관혼상제의 사례四禮에 관한 종합적인 참고서
다. 당시 거의 맹목적으로 시행하던 주자의 『가례』의 허점을 보완하면서 이를 현실적으로 사용하
기에 편리하도록 요령 있게 엮은 것이다. 사실 『가례』는 원칙만을 서술한 것이기 때문에 그 실행
에 있어서 많은 함정이 있었다. 여기에서 이재는 사례 중 상례喪禮에서는 『상례비요喪禮備要』를
주로 참고하되 현실적으로 통용되고 있는 관행을 많이 그대로 인정해서 참작했다. 제례祭禮 역시
시속時俗의 예제禮制를 도외시하지 않았지만, 관례冠禮와 혼례婚禮의 경우는 마땅한 준칙이 별로
없어서 『가례』의 고례古禮와 여러 학자들의 주장을 대폭 보충해 서로의 차이점을 찾고 그 옳고 잘
못됨을 고석考釋하여 판별했다. 삼강행실도가 다소 과격한 사례와 강요로 이데올로기적인 성격이
강했다면, 『사례편람』은 사람들이 실제로 살아가는 데 유용하도록 저술된 것이라는 점에서 일종
의 실용 서적에 가깝다고 할 수 있다.

려하게 할 뿐만 아니라 이로 인해 살인의 변고까지 일어나는데, 심지어는 양반의 족속까지 범하는 일이 발생하고 있습니다. 하지만 어리석은 백성들은 이를 예사로 봐오고 있으며, 관부에서도 또한 정해진 법률이 없어서 날로 심해져감을 금하지 못하고 있습니다. 이는 진실로 한심한 일입니다. 암지에 매장하거나 남의 재물을 투절하는 것도 오히려 도적을 다스리는 치도의 율을 시행했거늘 하물며 도당을 만들어 여인을 겁탈하고 인물을 빼앗는 것이 어찌 명화적과 다르겠습니까. 만약 이들을 엄중하게 처단하지 않으면 그 유행하는 폐단을 말할 수 없을 것입니다. 그러므로 신의 뜻으로서는 이러한 부류들을 수범과 종범을 막론하고 모조리 치도의 율로써 처단하게 한다면 완악한 백성이 아무리 겁탈하고자 할지라도 누가 즐거이 같이 가서 조력하다가 스스로 사지에 빠지겠습니까."

순조 또한 박취와 같은 악습이 되풀이되는 것을 염려하고 있었던 차이므로, 형조판서의 의견을 따라 이를 행한 남자와 동조한 사람들을 도적으로 취급해 치도治盜의 율로 처리할 것을 명했다.

최원세는 과부보쌈 끝에 살해당하고
김용손이 정범으로 몰리다

마을 사람들의 증언에 의해 최원세는 고지방과 모의해 이웃 마을의 과부를 보쌈하려다 변을 당한 것으로 밝혀졌다. 이에 함께 있던 고지방과 김용손은 최원세 살해의 유력한 용의자로 지목되어 장단부 관아로 끌려왔으며, 그밖에 고태위, 점돌, 최원세의 처 등이 관련인으로 조사를 받았다.

죽은 최원세 부인은 남편이 죽던 날 고지방이 집에 왔다고 진술했다. 그는 부인이 밥을 다 먹기를 기다렸다가 "부군이 기절했습니다"라고 말했다.

하지만 고지방은 그날 마을 사람들이 몽둥이를 들었던 것에 대해 "자신은 술에 취해 알지 못했다"고 주장했다. 김용손 또한 과부를 보쌈하려고 모의하다가 실패하자 이를 "최원세가 힘을 다하지 않아 일이 성사되지 않았다"고 하며 그에게 욕을 퍼붓고 이어 싸움을 벌였다고 했다. 고태위, 점돌 또한 김용손이 최원세를 술에 취한 김에 세게 걸어 찼으며, 이후 최원세가 주저앉고 말았다고 진술했다.

이후 조사 내용을 종합해보면 고지방은 자신이 눈독을 들이고 있던 과부를 취하기 위해 집에서 부리고 있던 김용손·최원세와 합세해 보쌈을 모의했다. 고지방은 과부의 거처를 사전에 탐지하고 밤을 틈타 직접 침입해 업고 나온 후 밖에서 기다리고 있던 최원세에게 주었다. 그러나 이때 최원세가 적극적으로 행동하지 않아 그만 마을 사람과 집안사람들에게 발각됐으며, 고지방과 김용손 등은 이들에게 쫓겨나다시피해 서둘러 도망쳐나오게 되었다.

과부 보쌈이 최원세의 실수로 그르치게 되자 고지방과 김용손의 화는 극도에 달했으며, 이들은 과부의 집에서 도망쳐 고개 위에 도착한 뒤 최원세에게 화풀이를 했다. 김용손이 술에 취해 홧김에 최원세를 때렸으며, 이후 사람들은 넘어진 최원세를 고개에 그냥 두고 내려와 그가 언제 사망했는지 알지 못한 상태였다.

성황당 나무에 매어진 이 귀신 같은 천을 하염없이 바라보면서 소박맞은 아낙네들은 누가 자신을 보쌈해가길 기다리곤 했다. 보쌈은 과부 재가 금지와 칠거지악 등의 남성 위주의 조선사회에서 생겨난 특이한 풍습이었다.

김용손이 최원세에게 폭행을 가한 정황은 이미 여러 증인의 진술에서 밝혀져 용손은 관아에 수감되었고 고지방은 범행 사실이 확실하지 않아 방면되었다. 그후 고지방은 마을을 떠나 잠적했으며, 초검관과 복검관은 이에 개의치 않고 김용손을 정범으로 몰아 왕의 판결을 기다렸다.

고지방 5년간 행적을 숨기다
여전히 지지부진한 주범 확정

고지방은 도망친 후 4년 동안 자취를 감추며 생활하고 있었다. 사건은 4년이 지나도록 해결되지 않았으며, 경기도에서는 정범 김용손과 범죄 관련자들에 대한 추가 조사만 계속 이뤄지고 있었다. 경기도 장단부는 누가 최원세의 목을 조르고 목을 맨 것처럼 가장했는지에 대해 김용손을 비롯해 당시 같이 행동한 사람들을 추궁했다.

김용손은 "저는 화가 나서 최원세를 때린 후 먼저 내려왔습니다"라고만 진술했다. 고태위와 점돌은 "김용손과 저희는 쓰러져 있는 최원세를 두고 먼저 내려왔으며, 고지방이 아직 그 자리에 혼자 남아 있었습니다"라고 했다. 결국 최원세가 사망할 당시 혼자 남아 있었던 사람은 고지방이었으며, 그가 최원세의 목을 조른 후 목을 맨 것처럼 가장했던 것으로 보였다.

이에 사건이 발생한 장단부 관아에서는 고지방을 붙잡기 위해 여러 지방 고을에 방을 내걸었고, 결국 봉이奉伊라는 사람에 의해 고지방의 거처가 파악돼 체포가 이뤄졌다. 그의 종적이 다른 지방에서 포착되지 않았던 이유는 도망을 다니는 동안 이름을 바꾼 채 생활했기 때문이다. 고지방은 여전히 자신의 죄를 인정하지 않았다. 도망다닌 이유는 군역을 피하기 위해서였다고 둘러댔다.

이제 사건의 조사는 고지방과 김용손 중 누가 과연 주범인가에 초점이 맞춰졌다. 두 명 이상이 한 명을 구타해 사망한 경우 주범과 종범을 정하는 것은 중요했다. 두 사람 모두를 사형에 처하지는 않았기 때문이다.

국가는 주범(원범)에 해당하는 자에게만 사형에 해당하는 중벌을 내렸는데, 이는 인명을 중히 여기는 데서 나온 조치였다. 이에 따라 먼저 정황과 사리를 따져본 다음에 손찌검의 강약을 논해 주범과 종범을 구분했고, 그런 뒤에야 비로소 옥사를 성립시켰다.

그런데 이번의 경우는 판단하기가 어려운 면이 있었다. 두 사람의 진술을 다시 종합해본 결과 김용손이 심하게 구타한 것은 사실이지만, 죽어가고 있던 최원세의 목을 고지방이 졸랐기 때문이다. 경기도 장단부에서는 그러나 김용손이 주범인 것으로 최종 결론을 내렸다. 고지방이 목을 조를 때 최원세는 이미 죽어가는 목숨이었고, 사망의 원인을 제공한 것은 김용손이라는 점이 인정됐기 때문이다. 드디어 사건 발생 5년째인 1781년 경기도 관찰사는 검험 내용을 토대로 왕에게 장계를 올렸다.

"경기도 장단의 최원세 살해 사건은 정범 김용손과 간범 고지방이 행한 것으로 이 둘은 최원세를 발로 차서 살해하고 목을 맨 것처럼 가장했습니다. 그러나 이 둘이 서로 죄를 미루고 있으니 엄형하여 실정을 캐내야 할 것입니다."

왕이 주범과 종범을 바꾸다
"누가 더 화가 났겠느냐?"

최원세 살해 사건은 홀아비인 고지방이 과부를 겁탈하려 보쌈을 계획하다가 발생한 것이다. 홀아비를 도와주기 위해 했던 좋은 일이 도리어 사람을 살해하는 원한으로 바뀐 셈이었다. 하지만 이 사건에는 여전히 의문스러운 점이 많았다. 정조는 경기도 관찰사가 올린 보고 내용을 보고 몇 가지 의문점을 제기했다.

"당초에 과부를 업어오기로 계획한 자는 바로 고지방이었다. 이 점에서 보면 고지방은 본 사건의 주범이고 동행한 김용손은 종범이었다. 과부 보쌈 계획이 실패로 돌아갔을 때 누가 더 화가 났을까를 생각해보면 당연히 고지방이다. 그가 밤중에 몰래 과부를 업어와서 최원세에게 맡겼지만, 동네 사람들이 쫓아와서 과부를 데려가지 못하게 됐으니 사건을 계획한 고지방이 김용손보다 몇 배 더 화가 났을 것이며 먼저 최원세에게 화풀이했을 것이다. 또한 일이 성사되지 못하고 동네에서 쫓겨나듯 도망친 후 마을 고개 위에 도착한 뒤, 고지방은 최원세에게 '네가 힘을 다하지 않아 일이 성사되지 아니했다'며 갖은 욕을 퍼부어 싸움의 실마리가 되었다. 이로써 보면 최원세와 머리를 맞대고 싸운 것은 김용손이 아니고 고지방으로 볼 수 있었다. 특히 김용손이 주범으로 확정될 수 있었던 증인의 진술은 고태위·점돌 등에게서 나온 것이었다. 이들은 '김용손이 술김에 세게 차서 최원세가 그 자리에 쭈그리고 앉았다'고 말했다. 그런데 고태위는 고지방과는 동성同姓이었고 점돌은 가까운 인척이다. 따라서 이들이 고지방의 편을 들었을 것은 당연하다. 증인을 가족이나 친지로 할 수 없는데도 채택됐으므로 이들의 증언은 확실한 것이 될 수 없었다. 최원세의 목에 나타난 상흔 또한 그가 스스로 목을 매어서 생긴 것이 아님은 이미 밝혀졌다. 김용손은 이미 고태위 등과 먼저 내려왔고 고지방은 뒤에 처져 있었다. 그러니 김용손이 최원세의 목을 조른 것이 아님은 분명하다. 이렇게 본다면 목을 맨 것은 고지방이 혼자서 한 일이었다. 만약 고지방이 당초 최원세를 발로 차고 때리지도 않았다면 그는 고태위 등과 같이 방관자로서 증인이 되어 김용손에게 죄를 돌리기에 급급했을 것이다. 그런데 고지방은 기꺼이 혼자 뒤에 남아서 최원세의 목을 조르는 참혹한 행위를 했다. 필시 고지방이 주범이었고 김용손이 간범이었다."

이밖에 정조는 고지방이 정범일 가능성을 보여주는 것으로 최원세가 사망할 당시 그만 혼자 남아 있었다는 것과 그가 사망한 후 도망친 점을 들었다. 정조는 고지방이 잠시 도피했다면 어리석은 마음에 겁이 나서 그랬다고 핑계를 댈 수도 있었겠지만 4년 동안 종적을 감추고 이름까지 바꾼 점은 자신의 죄를 은폐하려는 속셈이라고 보았다.

이처럼 정조는 여러 가지 점들을 근거로 정범을 김용손이 아닌 고지방으로 보았다. 이에 따라 초검관과 복검관이 고지방이 체포되기를 기다리지도 않고 성급하게 김용손을 정범으로 만든 것은 경솔했다고 지

조선시대의 재판에서는 지방 관아의 대청마루가 곧 법정이었다. 이 대청마루가 있는 건물을 동헌
이라고 했는데, 고을원의 집무실이라 할 만한 곳이었다. 재판장격인 원이 마루 위에 앉고 원고와
피고는 마당에 꿇어앉는 게 예사이며, 원의 좌우에는 아전들이 늘어서고 육방관속들이 지켜보는
가운데 송사를 진행했다. 만일 피고가 형사범일 경우에는 "네 죄를 네가 알렷다" 라며 자백을 받기
위해 주리틀기, 압슬 같은 무자비한 고문이 다반사로 이뤄졌다. 사진은 구한말에 촬영된 것으로
보이는, 동헌의 마당에서 재판을 기다리고 있는 죄인들. 큰 칼을 쓰고 있어 중죄인으로 보인다.

적했다. 또한 옥안을 고쳐 고지방을 정범으로 기록하게 했으며, 의견을 제대로 내지 못한 추관들을 문책했다.

고지방이 정범으로 판명됨에 따라 김용손은 방면됐으며, 고지방은 체포돼 심문을 받았다. 하지만 여전히 최원세 살해 사건의 의문점은 남아 있었다. 사건이 발생한 날 최원세를 발로 찬 사람은 김용손이었으며, 그의 목을 마지막에 조른 사람은 고지방이었다. 즉 최원세의 사망 원인은 발로 채인 것과 목을 졸린 것 중 하나였다. 목을 조른 일이 목숨이 끊어지기 전에 행해졌다면 최원세를 발로 찬 김용손의 죄는 가벼워지는 것이고, 이미 죽은 뒤에 목을 죄었다면 사망 원인은 김용손이 발로 찬 것 때문이니 그가 원범이 되는 것이었다. 하지만 고지방은 "애당초 뒤처지지 않았다"고 주장했고 김용손은 "애당초 손을 대지 않았다"고 말하고 있었다.

이 사건에 대한 도 관찰사의 의견과 형조의 의견도 각기 달랐다. 경기도 관찰사는 목을 조른 것이 만약 숨이 끊어진 뒤라 하더라도 이는 발로 차서 죽인 것에 비할 바가 못 된다며 고지방의 처벌을 주장했다. 반면 형조는 사망 원인이 이미 발로 찬 것 때문이니 수범과 종범은 아마도 바꿔야 할 것이라고 말했다.

천칭의 기울기를 보며 고뇌에 빠지다
왜 석방할 수밖에 없었을까

정조 또한 자신이 고지방을 주범으로 여겼지만 모름지기 목을 조른 시점이 살아 있을 때냐 죽은 뒤냐의 문제를 정확히 결정할 수 없었다. 최원세 살해 사건이 어두운 밤에 발생했기 때문에 분명한 증거가 없었을 뿐 아니라 죄수들 또한 서로 죄를 미루고 있었기 때문이다.

또한 과부 보쌈을 계획한 일이 어긋나 고지방이 화가 남은 김용손보다 더했을 것이지만 이웃 싸움에 칼을 품고 덤벼드는 일도 흔하게 있는 일이었다. 거기에 김용손이 최원세를 발로 찬 것은 전후 초사에서 분명하게 나왔던 진술이지만 고지방이 그랬다는 것은 분명하게 밝히지 못했다.

고태위·점돌 등이 최원세가 죽었다는 말을 들었을 때 먼저 김용손을 그의 집에 보낸 것도 의문이었다. 최원세가 죽었다면 동행했던 사람들은 놀라서 당연히 함께 가봤어야 했다. 하지만 함께 있던 점돌·태위 등이 먼저 김용손을 죽은 최원세에게 보낸 것은 그의 죽음이 용손이 세게 찬 것에서 말미암은 것이기에 먼저 싸움을 일으킨 자를 보내서 그가 스스로 감당하게 한 것이라고 볼 수 있다.

그간 많은 옥사를 의심없이 해결해온 정조로서도 최종 결정을 내리기가 어려웠다. 김용손을 주범으로 놓고 보면 고지방의 행적에 의심이 가고, 고지방을 주범으로 놓고 보면 다시 김용손의 행적에 의문을 품게 되었다.

정조는 고지방 사건을 다시 조사하게 해도 결과는 의심쩍은 죄안으로 귀결될 것이 빤하다고 생각했다. 이에 이미 동모했던 김용손이 방면된 상태이므로, 죄수를 너그러이 용서하는 마음에서 고지방도 석방시킬 것을 도 관찰사와 형조에게 지시했다. 마침 대사면령이 내려지는 시기였다.

이러한 왕의 판결에 대해 정약용은 『흠흠신서』에 다음과 같이 기록하고 있다.

"신이 삼가 살펴보건대 정조 임금 때 주범·종범이 분별되지 않는 사건을 만나면 언제나 먼저 그 죄상이 가벼운 자를 잡아내 정상을 참작해 처리하고, 시간이 조금 오래되면 또 그 죄상이 무거운 자를 잡아 다시 의심스런 실마리를 풀어 결국에는 두 사람을 모두 살리도록 하셨습니다. 이는 살리기 좋아하는 자애로운 임금의 권한입니다. 갑을 풀어줄 때에는 을의 사실이 무거운 것 같고, 을을 풀어줄 때에는 갑의 사실이 무거운 것 같음은 그 판단 기준이 전날과 달라서가 아닙니다. 그 사건 내용에 본래 의문이 있어서 의심하면 아마도 이럴 것이라 생각하게 되고 이럴 것이라 생각하게 되면 또 두 갈래로 생각되니 이것이 임금께서 의심스러운 형사 사건을 판결하신 방법입니다. 아아, 훌륭하신 처리입니다."

양반 이양택,
과거를 보고 오는 길에 맞아 죽다

주범이 세 번이나 바뀐
순천의 조계중·조이중 사건

1776년(정조 1) 2월 2일 양반 이양택李陽宅은 전라도 화순에서 과거 시험을 보고 돌아오는 길이었다. 순천의 광청촌廣淸村에 이르렀을 때 잠시 쉬던 중 동행하던 장희조張希祖가 그 동네에 사는 조계중趙戒中과 말다툼을 시작했고 일행은 조계중의 버릇을 고쳐놓겠다며 힘을 모아 구타했다. 이 이야기가 조계중의 아우인 조도중趙道中과 사촌동생인 총각 조이중趙以中의 귀에 들어갔다. 화가 난 둘은 임정林亭으로 달려가 김인철 일행을 덮치다시피 구타했으며, 싸움을 일으켰던 이양택을 몽둥이로 때리고 돌로 친 후 시체를 물속으로 던져넣었다.

　맞아서 죽었나 물에 빠져 죽었나
　너무나 굼뜬 순천부사의 검험

　조씨 일행이 사라지자 도망갔던 김인철 등은 다시 돌아와 서둘러 이양택의 시체를 건져냈다. 처참하게 일그러져 죽은 그의 얼굴을 보고

격분한 그들은 명색이 양반 신분에 천한 것들에게 맞아 죽은 일을 한탄했다. 한참을 울던 그들은 이양택의 형 이양규李陽奎에게 동생의 죽음을 알렸다. 이양규는 그 길로 관아에 달려가 순천부사 임관주任觀周에게 검험할 것을 청했지만 임관주는 '양반의 시체를 검험하는 것은 거북하다'며 꺼려했다. 검시는 사망한 지 20여 일이 지난 후에야 비로소 시작되었다.

『무원록』에 의하면 시체의 상태는 계절과 시간에 따라 그 안색이 매우 달랐다. 봄에는 2~3일만 지나면 얼굴, 배, 겨드랑이 부위의 피부 색깔이 약간 누렇거나 퍼렇게 변했다. 사망한 지 10일 정도 되면 코와 귀에서 악즙이 흘러나올 뿐만 아니라 배가 팽창하며 구더기가 생겼다. 이후 10일이 지나면 머리카락이 빠졌다. 여름에는 봄보다 부패 속도가 2배 정도 빨랐고, 반대로 겨울은 2배 정도 느렸다.

『무원록』의 기록대로라면 이양택의 시신은 죽은 지 23일이 지났기 때문에 부패가 이미 진행되어 머리카락이 빠지는 단계에까지 이르렀을 것이다. 하지만 죽은 이양택은 상투가 그대로 매여 있었고 망건도 풀리지 않아 머리 상태는 양호했다. 의복 또한 과거를 보러 갔을 때의 모습 그대로였다. 시신 앞면에는 다친 자국이 전혀 없었지만 뒤쪽으로 왼쪽 갈빗대 사이에 군데군데 검붉은 빛깔이 있었다. 등줄기와 겨드랑이에도 상처가 있었는데 짙은 흑색을 띠고 있었다. 손으로 만져보니 부드러웠다. 순천부사는 상처가 모두 말랑말랑하니 맞아서 즉사한 것이 아니라, 물에 던져진 것이 사망 원인이라고 결론내렸다. 검험서에는 '익수치사溺水致死'라는 네 글자가 기록됐다.

이윽고 마을의 이장이 시친을 비롯하여 사건에 관련된 사람들을 데리고 왔다. 먼저 검험관은 유력한 용의자로 김세강을 심문했다. 그는 당시 마을 사람들과 교량을 고치기 위해 냇가에 섰다가 갑자기 이웃 조계중이 과거 보는 선비들에게 얻어맞는다는 얘길 듣고 그를 돕기 위해 임정으로 달려갔고, 이양택이 달아나는 것을 보고 용감하게 쫓아갔다가 사건에 휘말리게 되었다.

첫번째 초사에서 그는 "다리를 고칠 때 조계중 등 3인이 선비 1인을 구타하다가 이내 물속에 던져넣었다"고 진술했지만 두번째 초사에서는 "이양택이 저에게 쫓기다가 스스로 물에 빠졌다"며 말을 번복했다. 이양택이 뒤쫓는 사람이 있자 두려워 죽기 살기를 가리지 않고 물속으로 뛰어들었다고 한 것이다.

심문을 통해서도 '익수치사'로 결론나자 시친들은 복검에서 더 정확한 사망 원인을 밝혀주기를 기대했지만 순천부사는 무슨 이유에서인지 서둘러 복검을 지시하지 않았다. 시친들은 시체가 부패되어 상처가 없어지도록 하기 위한 것이라며 발을 동동 굴렀다.

이후 복검은 3월 1일 낙안군수 임세재林世載가 실시했다. 복검관은 시체의 상흔이 모두 등에 집중돼 있는 점으로 보아 뒤에서 쫓아간 자가 때린 것이 분명하며, 비록 김세강이 아니라 조계중·조이중이 때린 것이라도 사망의 형태는 익사이므로, 이양택을 물에 빠지게 한 김세강을 주범으로 삼았으며 조계중을 종범으로 결론지었다.

김세강은 더욱이 이양택이 물에 빠져 허우적대는 것을 바라보다가 그냥 집으로 돌아왔기 때문에 주범의 굴레에서 벗어날 수 없었다. 사람이 물에 빠진 것을 보면 당연히 구해내려고 하는 것이 인지상정인데 김세강은 이양택을 외면했다. 복검관이 그를 주범으로 결정한 가장 큰 이유가 여기에 있었다.

복검이 끝나자 검험관은 이러한 사실들을 종합해 전라도 감영에 보고했다. 보고를 받은 관찰사는 사건을 들여다보다가 약간의 황당함을 느껴야 했다. 사건 관련자 중 한 명인 조이중이 이양택을 구타한 뒤 멀리 도망가서 돌아오지 않았기 때문이다. 즉, 조이중이 없는 상태에서 김세강이 주범으로 확정됐기 때문에 일단 그를 붙잡아 조사해 왕에게 보고해야 했다. 관찰사는 정확한 사건 조사를 위해 김세강, 조계중, 조도중 등에게 우선 1차의 엄중한 형장을 더한 후 다시 진술을 받아 보고할 것을 지시했다. 아울러 조이중을 즉시 체포하도록 명했다.

세 차례나 주범이 바뀌다
해결의 기미를 보이지 않는 사건

순천부에서 관찰사의 명을 받아 세 사람에게 형장을 가하는 과정에서 김세강이 돌연 죽어버렸다. 그러자 피해자 가족들이 들고 일어났다. 시친들은 조계중이 죽은 김세강에게 죄를 뒤집어씌우고 있다고 생각했다. 이미 초검 때부터 그들은 검험관이 검시를 늦게 한 이유도 조계중 집안의 사주를 받았기 때문이라며 의심하고 있던 터였다. 게다가 사건 발생지역인 순천부의 부사는 병이 났다는 이유로 8개월이나 관련자 조사를 미뤘고, 그 와중에 근거 없이 조도중을 방면해버렸다.

사건이 지체되면서 해결될 기미가 보이지 않자 이양택의 형 이양규는 관찰사가 있는 감영에 나아가 소지所志[진정서]를 올렸다. 그러자 시친의 억울함을 인정한 당시 전라도 관찰사 이보행李普行은 낙안군수 신치권申致權과 홍양현감 심명덕沈命德, 남원현감 등 9개 고을의 수령을 별도로 추관으로 선정해 조사하게 했다. 추관의 수를 늘린 것은 객관적인 조사를 위한 발판이었다. 그 결과 낙안군수와 홍양현감은 사건의 중심이 조계중에게 있다고 의견을 내놓았고, 조도중과 김세강은 관련인이라고 봤으며 광양현감 권필칭權必稱은 도망간 조이중이 진범 같다며 자신의 견해를 피력했다.

"정황상 조계중을 주범으로 하는 것이 마땅합니다만 이양택이 죽는 날 밤에 조이중이 삿갓을 쓰고 성을 바꾼 채 도망 가 숨은 것이 이상합니다. 그가 범행하지 않았다면 어찌 겁을 내고 멀리 도망갔겠습니까."

남원 등 9개 고을에서 보낸 공문은 다음과 같이 말하고 있었다.

"이양택이 구타당한 후 물에 던져진 것은 분명히 조계중이 한 짓입니다. 당초 사단은 조계중이 야료를 부린 데에서 생겨났으나 사망하게 된 연유는 조이중이 구타한 데에서 말미암은 것입니다. 조이중이 그날 밤 도망하여 갓을 쓰고 성을 바꾼 일에 대해서는 엄형하여 실정을 캐내야 할 것입니다. 또한 조계중은 공연히 야료를 부려 살인의 변이 나게 하였으니 전적으로 무죄로 석방할 수 없습니다."

조계중은 곧 유배를 받고 떠났다. 하지만 조이중의 행방은 아직도 묘연했다. 그러자 시친들이 또 불만을 품고 격쟁을 통해 왕 앞에 무릎을 끓었다. 조계중을 정배에 그치게 하는 것은 법의에 맞지 않으니 죽여달라고 호소한 것이다. 당시 백성들의 소송 사건을 처리한 결송안決訟案의 조목에 보면 '모살謀殺을 발의한 자는 참형에, 하수에 가담한 자는 교형에 처한다'고 나와 있었는데, 시친인 이양규는 이 조문을 인용하며 모두 참형에 처해야 한다고 주장했다.

왕이 받아들여 사건은 다시 형조로 왔다. 놀라운 것은 여기서 주범이 또 뒤집혔다는 사실이다. 형조와 조정의 대신들은 지방 수령들의 의견과 달리 조계중을 정범으로 지목했다. 당초 과거를 보고 온 선비들에게 까닭 없이 트집을 잡고 함부로 떠들어댄 사람은 조계중이었고, 조씨 형제와 함께 임정에 가서 이들을 몽둥이로 구타한 자도 그였기 때문이다. 하지만 그는 이미 형벌을 받아 타지로 유배된 상태였다. 이에 조정에서는 주범이 조계중인 것 같지만 유배지에서 다시 데려와 사형시키는 것은 너무 가혹한 듯하다는 내용으로 왕에게 보고를 올렸다.

이양택의 처 허씨 부인
남편의 원통함 때문에 자살하다

몇 년 뒤 전라도 관찰사 서유린徐有隣은 도망간 조이중을 차율次律*로 논할 것을 왕에게 품청했다. 그의 논리에 따르자면, 만약 죽은 이양택이 남에게 떠밀려 물속에 몸을 던졌다면 김세강이 원범이나 그는 이미

---

* 귀양에 해당하는 죄. 사형에 처하는 일률一律보다 한 등급 낮다고 이렇게 불렀다.

사망한 상태였다. 반면 이양택이 남에게 타살되고 나서 물속에 던져졌다면 조계중이 원범이나 그 또한 이미 유배형을 받는 중이었다. 지금 조이중이 이양택을 구타한 후 도망가서 자취를 감춘 이유로 원범으로 지목되지만 이에 대한 확실한 물증은 없었다.

정조는 관찰사의 의견에 따라 조이중을 유배형에 처하라고 명령했다. 그러자 이 소식을 들은 이씨 집안에서는 사람의 목숨을 앗아간 살인 사건임에도 불구하고 국가에서는 관련자 가운데 한 명도 사형에 처하려고 하질 않는다며 원한이 극에 달했다. 이양택의 처 허씨 부인은 슬피 울면서 시집 식구들에게 "원수 놈의 형제가 차례차례 작처酌處되니 복수할 희망은 이제 허사로 돌아가게 되었습니다. 제가 직접 나아가 억울함을 호소해야겠습니다" 하고 맨발로 대문을 나가 관아에 혈서를 올리고 울면서 호소했다.

양반 사대부의 아녀자가 맨발로 뛰어오자 관찰사는 크게 놀라 "계문하여 복수하도록 하겠다"며 그녀를 타일렀지만 허씨 부인은 집으로 돌아가지 않은 채 반년 동안 남원에 머물면서 매일같이 관찰사가 새로 계문하기를 기다렸다. 하지만 결국 임금의 명에 따라 관찰사가 조이중을 유배 보내자, 허씨 부인은 살아서는 집으로 돌아가지 않겠다고 맹세하면서 품속의 칼을 꺼내어 관찰사가 있는 감영 아래에서 자살하려 했다. 감영의 노비가 그것을 보고 칼을 빼앗아 미수에 그치자 허씨 부인은 이내 포기하고 임시 거처로 돌아왔다. 그러다가 다시 새벽에 식칼을 가져와서 스스로 목을 찌르려 했으나 칼날이 무디어 베지 못하고 또 실패했다. 더이상 안주인 마님이 힘들어하는 것을 보지 못한 집안의 노비들은 허씨 부인을 들것에 태워 집으로 데리고 왔다. 집으로 돌아와서도 허씨 부인은 손톱으로 뼈를 긁으면서 "남편의 원수를 갚지 못한 것이 한"이라고 말하며 4일 동안 물 한 모금 마시지 않고 음식을 끊더니 이내 사망했다.

정약용, 사건에 대해 말하다
"이양택 스스로 물에 뛰어든 것"

정약용은 이양택 살인 사건에 대한 자신의 의견을 『흠흠신서』에 실었다.

먼저 그는 복검관이 사망 원인을 '얻어터지고 물에 빠져 죽은 것'으로 기재한 것은 잘못이라고 지적했다. 『무원록』의 스스로 물에 빠져 죽은 조문을 보면 싸운 후 물에 빠져 죽은 경우 비록 그 시체 위에 매를 맞은 상흔이 있어도 사망 원인은 '물에 빠져 죽게 된 것'으로 기록하는 것이 가장 적합하다는 것이다. 따라서 정약용은 이양택이 갈빗대가 부러지고 머리가 깨지는 등 중요 급소 부위를 다쳤더라도 그가 물에 빠진 사실이 완전히 죽기 전에 있었다면 사망 원인은 '물에 떨어져 죽었다'고 해야지 '얻어터지고'란 문구를 덧붙이는 것은 옳지 못하다고 말했다. 또한 『무원록』에는 '구타당해 상처가 깊고 무거운 자는 한밤중에 죽는다'고 말하고 있었다.

게다가 주범으로 결론지어진 조계중은 남을 때린 사람이 아니며 이양택에게 얻어맞은 사람이었고, 조도중과 조이중은 이양택을 때린 것이 아니라 그와 함께 있던 김인철을 때린 사람이었다. 이렇게 본다면

정약용은 이 사건에 대해 새로운 해석을 보여줬다. 사람이 완전히 죽고 나서 그것을 은폐하려고 물에 빠뜨린 경우를 제외하고, 죽기 전에 물에 빠졌다면 무조건 익사로 보아야 한다고 말이다. 그렇지 않고 죽기 전에 구타를 당한 것을 검험서에 기록하면 이로 인해 정확한 사인 규명이 불분명해지고 그에 따라 죄인을 찾아내기도 힘들다고 지적했다.

조씨 삼형제는 이양택 살인 사건과는 관련이 없는 사람들이었다. 초검때 주범으로 지목된 김세강 또한 그가 이양택을 쫓아가다 등 뒤에서 때려 사망의 근본 원인이 되었다면, 이양택은 그 자리에서 즉시 쓰러졌어야 사리에 맞았다. 그러나 이양택은 도리어 큰길까지 도망쳤다. 이는 그의 상처가 깊지 않았음을 입증해주는 것이다.

정약용은 이 사건에서 피해자인 이양택에 주목했다. 그는 이양택이 도망치다 물속에 뛰어든 이유는 보복당할 두려움을 가장 많이 느끼고 있었기 때문이라고 보았다. 즉 이양택은 앞장서서 조계중을 심하게 구타한 사람으로, 그의 동생들이나 마을 사람들이 무리지어 몰려왔을 때 보복당할 두려움을 느꼈고, 이에 그들의 손찌검을 피하고자 빨리 도망치다가 물에 뛰어든 것이라 파악했다.

앞서 검험관들은 물에 빠진 것을 보고도 구제하지 않은 사실을 가지고 김세강의 죄목으로 삼았다. 이에 반해 정약용은 김세강이 물에 빠진 이양택을 물끄러미 바라보다 그냥 온 것은 당연한 행동이라 여겼다. 김세강이 이양택을 쫓아가면 갈수록 쫓기는 자의 마음이 다급해져 결국 스스로 물에 빠졌는데, 만약 그를 구제하러 물속에 들어가면 오히려 자기를 잡으러 오는 줄 알고 더 깊은 물속으로 들어갔을 것이라는 추측이었다. 따라서 정약용은 물에 빠진 이양택을 두고 간 김세강의 행동은 쫓기는 자의 마음을 조금이나마 안심시켜 스스로 물에서 나오기를 바라는 생각에서 나온 행위였다고 해석했다.

이러한 여러 가지 정황으로 김세강이 주범이 될 이유가 없다는 게 정약용의 견해였다. 아울러 조계중과 조도중 또한 사건에 관련된 인물이라 일컬을 수는 있지만, 종범으로 말하는 것은 옳지 않다고 했다. 그는 조계중을 비롯하여 김세강 등은 마땅히 용서받아야 한다는 전혀 다른 결론에 도달한 것이다.

"더이상의 번복은 안 될 말"
허씨 부인, 열녀로 포상받다

허씨 부인이 죽자 이양택의 종 쾌손快孫은 상전을 위해 왕에게 억울함을 호소하는 상언을 올렸다. 쾌손은 상언에서 조계중이 자신의 상전 이양택을 몽둥이와 돌로 때리고 시체를 물속에 던져 자취를 없애버렸으며, 순천부사가 검험을 늦게 했을 뿐 아니라 8개월 동안 사건 관련자들을 조사하지 않은 점은 부사가 조계중의 사주를 받았기 때문이라고 호소했다. 아울러 상전 이양택이 살해당한 후 조계중 형제 중 아무도 사형에 처해지지 않자 내상전인 허씨 부인이 곡기를 끊고 자살했으니, 두 상전 부부의 원혼을 어떻게 달래야 할지 모르겠다고 상언했다.

이를 본 정조는 난감했다. 이양택 부부의 안타까운 사정은 측은하게 여기지만 그렇다고 노비의 말을 듣고 조씨 형제들을 처벌함으로써 죽은 자를 위로할 수도 없는 노릇이었다. 상언을 보면 조계중의 혐의가 가장 짙었지만, 이미 정배형에 처했기 때문에 번복하여 사형에 처할 수는 없었다. 사건 관련 관사인 감영이나 형조의 계사에서도 모두 조이중과 조계중을 살려주기를 청하는데, 상언의 말이 측은하다고 해서 임금이 죽일 수도 없는 일이었다.

그리하여 정조는 형조판서 서유린에게 다시 문안을 살펴서 사리를

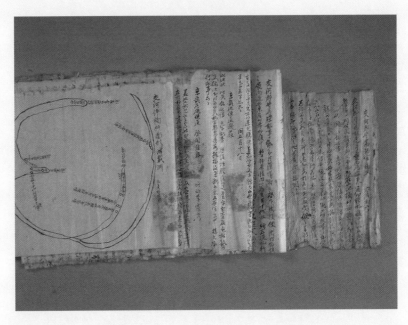

조선후기 격쟁 문서. 억울한 일을 당한 백성이 왕에게 직접 호소할 수 있는 제도로 초기의 신문고를 대신한 후기의 민원수단이다. 보통 격쟁이 올라오면 형조, 한성부, 해당 지역 감영, 군수 등의 처리 과정을 거치면서 문서가 이처럼 두툼해진다. 이양택의 종 쾌손은 허씨 부인이 죽자 상전의 억울함을 호소하는 상언을 왕에게 올렸다.

논할 것을 명령했다. 이에 형조판서는 사건을 재론할 것은 없지만 허씨 부인의 정절은 전라도 감영에 있을 때 이미 목격해 어느 열부烈婦에 견주어도 손색이 없고, 심지어 선비들이 그녀를 열부로 표상해줄 것을 요청하는 글을 관아에 제출한 적이 있다고 아뢰었다.

서유린의 말을 들은 정조는 관련인의 처벌은 그대로 두고 허씨 부인을 열부로 표상하여 나라에서 풍교를 숭상하는 뜻을 보이게 하라고 지시하며, 사건을 종결지었다.

이양택 살해 사건은 9년 동안 결론내리지 못하고 지체된 사건이었다. 옥사에 있어서 사건의 진정과 허위를 가리지 못하고 주범이 세 차례나 바뀌었으며, 세 사람이나 목숨을 잃었다. 사건은 조계중이 이양택을 비롯해 과거를 보고 온 선비들에게 불손한 행동을 한 것이 발단이 되었다. 아주 사소한 일에 조계중 형제와 사촌 동생, 동네 사람이 모여 싸움에 휘말려들었고 결국에는 이양택이 사망하는 지경에까지 이르렀다. 하지만 가족의 피해를 되갚아주기 위한 복수 심리는 조선사회 전반을 지배하면서 이와 유사한 범죄를 많이 낳았다.

과거 시험 한 번에 1만 8천 명을 뽑으니
비리가 생길밖에
-조선의 문서 위조 전문범의 실태를 보다

문서의 위조는 조선초기부터 국가의 중범죄로, 위조범은 위조의 완성 여부에 상관없이 사형에 처해졌다. 조선전기 위조범이 증가하자 국가에서는 이들의 단초를 없애기 위해 모두 참형에 처했으며, 처자는 외방 고을의 노비로 영속시켰다. 이를 검거하지 못한 관리들 또한 처벌 대상이었다.

『조선왕조실록』을 중심으로 태조대부터 성종대까지 위조범의 실태를 살펴보면 총 51건을 확인할 수 있다. 이중 국가의 처벌을 파악하지 못한 8건을 제외한 43건 가운데 사형된 경우는 27건으로 62.8퍼센트를 차지했다. 처벌이 강력했음을 알 수 있다.

위조범의 실태를 보면 양반·관료층, 종친, 서리, 관속, 양인, 승려, 노비 등으로 층이 상당히 다양했다. 위조의 대상은 조선초기에는 관문서나 저화楮貨가 대부분이었다. 주로 첩문帖文이나 관교官教 등이었기 때문에 글을 알거나 관문서 형식을 아는 계층이 이 일에 참여했다. 조선후기에 이르면 위조 문건의 양상은 다양해진다. 초기와 달리 가자첩이나 홍패의 위조가 두드러지며 양인 위조범이 대다수를 차지했다. 이처럼 조선후기에 들어 위조 행위가 증가하는 이유는 따로 있었다.

18세기는 도성 내 경작이 법으로 금지되어 있었다. 만약 어기면 장 100대

조선시대 맡은 바 직책을 증명해주던 패의 종류. 왼쪽부터 관리 김희의 이름이 적힌 호패(조선 1784년(정조 8), 11.1×4.0cm), 세금을 걷는 관리의 패(목각, 조선후기, 지름 8.8cm), 순찰 관리의 패(조선후기, 지름 7.5cm).

를 때렸다. 한성부민은 각 관아에 속한 이속吏屬과 노비 외에는 대부분 상업에 종사했다. 시전 상인을 비롯하여 중간 도매상(中都兒), 시전에서 물건을 떼어다가 소비자에게 파는 영세 소상인, 행상 등이었다. 그렇기 때문에 한성부에는 상품을 만드는 장인들이 많았으며, 물건을 살 수 있는 수많은 전방이 운집해 있었다.

한성부민은 대부분 비농업 인구로 구성되었기 때문에 생산적인 활동보다는 외부 생산력에 의존하면서 이를 판매하거나 소비하는 경향이 높았다. 한성부민의 상업성·소비성은 한성부에서 돈이 중요한 생활의 척도가 되는 이유로 작용했다. 즉 한성부에서는 돈이 모든 경제활동을 지배했으며, 이는 도

시민의 의식을 결정하는 중요한 역할을 했다.

서울 벽동에 33세의 최동익崔東燧이 전주로 가는 암행어사의 행적을 따라다니며 마패를 위조해 간계를 부른 사건이 있었는데, 이 사건의 공초 내용 중에 "서울은 향중과 달라 돈이 있으면 이루어지지 않는 일이 없다"는 말이 나온다. 당시 한성부에 배금주의 풍조가 나타나고 있음을 엿볼 수 있다. 즉 위법한 일일지라도 돈만 주면 모든 일이 가능했다. 이는 상업화가 진행되면서 물질적 가치가 한성부민에게 중요하게 인식되고 있는 현상을 보여주는 예이다.

과소비 풍조도 만연했다. 오죽했으면 영조가 "지금의 사치는 옛날의 사치와 다르다. 의복이나 음식은 빈부에 따라 각자 가지런하지 않은데, 지금은 그렇지 않아 한 사람이 하면 백 사람이 본받는다"고 말할 정도였을까. 사치로인한 과소비는 한성부민의 생활 향상에 기반을 둔 결과라 할 수 있다. 하지만한 사람이 하면 백 사람이 따라하니 사치가 경쟁의 대상이 되고 있었다. 집에곡식 한 섬 없으면서 몸은 비단으로 장식했으며, 아침에 저녁 끼니 걱정을 하면서도 아름답게 장식한 진기한 기물을 가지고 있었고, 심지어는 가마를 메는사람까지도 사대부와 견주고자 초서피貂鼠皮*로 꾸미는 실정이었다(순조 27).

그 결과 이를 노리고 진기한 물건들을 위조하는 사기꾼들이 많았다. 서울의 3대 시장인 이현梨峴, 칠패七牌, 중부의 운종가雲從街에는 시전에서 기생하는 부류인 소매치기, 사기꾼 등이 생겨났으며, 고가품을 모조해서 파는 위조사기꾼들도 극성했다. 백철, 염소 뿔, 주식토, 조서피, 황구의 털을 고가품인천은, 화대모, 한중향, 회서피 등이라고 속여서 파는 것이다. 특히 상경한 향촌민이 시전판의 사기꾼들에게 위조한 물건을 샀다가 낭패를 보는 일이 많

---

* 노랑가슴담비의 털가죽.

조선시대 관청에서 공문서에 사용하던 관인들.

았다.

　문서 위조도 성행했다. 1777년(정조 1) 이똥이李㖡伊, 이똥개李㖡价, 김치학金致學 등은 인신印信을 위조해 사적으로 역서曆書를 인쇄해 판매한 죄를 받았다. 이들은 모두 관상감의 장인으로, 이똥이와 이똥개는 자격루(물시계) 만드는 일을 했으며, 김치학과 신성득은 관상감의 각수장刻手匠과 인출장印出匠이었다. 자신들의 직역을 이용해 위조 행위를 한 것이다. 이똥이 등은 관사의 곡식을 사사로이 쓴 후 채워넣기 위해 인신을 위조하고 역서를 만들어 판매한 것으로 드러났다.

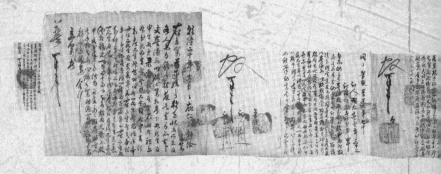

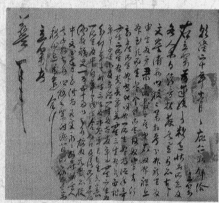

조선시대 등기문서

조선시대에도 매매가 이루어지면 100일 이내에 관청에 신청해 그 매매가 합법적이라는 내용의 공증 문서인 사급입안을 발급받았다. 이로써 매매 이후 계약이나 재산 소유 등에 관련된 분쟁을 미연에 방지했다. 사급입안은 산 사람이 해당 지역 관청에 발급 신청서를 제출하면, 관청에서 확인해주고 증인에게 입회 사실을 알린 후 마지막으로 문서 작성자에게 그 사실을 확인해주는 단계로 발급되었다.

동부의 남의진南毅鎭은 인신을 위조해 몰래 밭문서를 빼내려 했으며(정조 13), 북부의 장운창張雲昌은 박정신朴廷臣과 함께 출장 관리에게 발급하는 역마 교부권인 파상把上을 위조하고 마패를 훔쳐 차고 다니면서 3년 동안 호남과 영남에서 간계를 부리기도 했다(정조 12).

위조범 가운데에는 상경 유이민도 있었다.

강윤상姜允祥의 공초에 이르기를 "저는 본래 송화松禾 사람으로 병오년에 승호 포수로 상경하였다가 갑자년에 파면되었습니다. 같은 군현 사람인 한용선韓龍

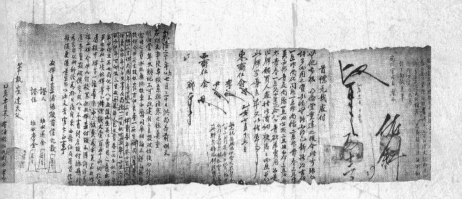

奰이 와서 말하기를 같은 고향에 과거에 떨어진 선비 한광천韓光天이 있다고 하
므로 제가 궁핍하여 하지 못할 일이 없어 거짓 홍패 1장을 만들어 직접 한광천
의 이름 석 자를 썼으며, 황밀로 어보를 위조해 전자형篆字形으로 손수 새기고
주홍색을 칠하여 찍고서 50냥을 받고 팔았습니다."(『일성록』, 순조 7년 10월
17일)

승호군은 식년마다 서울 및 각 지방에서 뽑히는 훈련도감의 병졸이다. 승
호로 뽑혀 서울로 갈 때 대부분 집안의 재산이나 전토를 모두 팔고 올라갔기
때문에, 역에서 쫓겨나거나 그만두면 파산하는 경우가 많았다. 게다가 승호
로 뽑혀 올라온 지방민의 경우 급료가 적어 도시생활에 적응하기 쉽지 않았
다. 자연히 이들은 위조 범죄 유혹에 쉽게 빠져들었다.

이러한 모습은 수진궁조壽進宮條를 위조한 이형규李衡逵의 사례에서도 확인
된다. 이형규는 남포에서 살다가 향교동으로 이주한 상경 이농민으로 태안에
서 올라온 장지규張智奎와 함께 수진궁 사음첩舍音帖을 위조했다. 이들은 지방
에서 올라온 향촌인들이 많이 모여드는 여관 주변을 서성이다가 첩문帖文을
구하는 자들을 노려 위조문서를 판매했다. 위조한 마름첩을 산 위방철魏邦哲

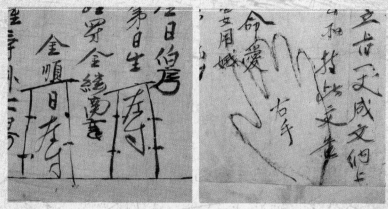

수촌手寸(왼쪽)은 손가락을 문서에 대고 그려서 서명을 대신한 것으로 좌촌左寸은 왼쪽 손가락을 대고 그렸다는 뜻이다. 수장手掌은 손바닥을 문서에 대고 서명을 대신한 것으로 여인들이 주로 많이 사용한 방법이다.

은 선산에 거주하는 향촌민으로, 집 앞에 수진궁 소속의 논이 있어 궁답宮畓의 마름이 되려고 상경한 자였다. 장지규와 이형규는 60냥을 받고 위방철에게 사음첩을 팔았다(정조 13).

위에서 보듯 문서 1장을 위조함으로써 얻어지는 수입은 50~60냥에 이르는 거액이었다. 위조 행위는 절도보다 경제적 이득이 커서 빈한한 자나 모리배가 많이 뛰어든 범죄다.

당시의 양반들 또한 대개가 잔반殘班이었다. 1847년(헌종 13) 남부南部 원정동에 사는 윤범기尹範沂가 양반 위조범의 전형적인 사례이다. 그는 집이 가난해 관문서를 위조하여 매매하는 것을 생업으로 삼고 있었다. 윤범기가 위조한 문서의 종류를 보면 가자첩加資帖; 가선첩嘉善帖, 절충첩折衝帖 등 납속첩納粟帖*과 각도의 금은첩관문金銀店關文, 거제의 염전관문鹽田關文, 총위영總衛營의 선철관문鉛鐵關文** 등이었다. 당시 신분 상승과 경제적 이득을 노리는 부자들의 관련 문서 수효가 늘자, 윤범기는 어보와 계자啓字를 위조했다.

이렇듯 전문적으로 위조를 하는 사람이 늘어나자 이를 가업으로 삼은 경우도 다수 확인된다. 이럴 경우 적발되는 위조문서가 100여 장에 이를 정도로 많았다. 전문적인 위조범의 경우 앞의 윤범기의 예처럼 글을 읽을 줄 알았으며, 공문서의 형태를 알고 있었기 때문에 쉽게 문서를 위조할 수 있었다.

정조대에서 철종대 한성부에서 적발된 위조문서는 조선전기와 달리 민의 신분 상승과 관련된 문서들이 많았다. 농민들은 돈을 벌기 위해 소를 팔고 서울에서 상인으로 활동했으며, 조금이라도 여유가 있는 자들은 관직의 획득이나 신분 상승을 꾀하려고 가산을 탕진하기까지 했다(『우서迂書』 권8).

경제력을 갖춘 자들은 유학을 모칭하고 과거에 응시하는 자가 많았다. 따라서 과장에는 유학을 모칭한 상인과 천민들이 거벽巨擘***과 서수書手****들을 이용해 과거에 응시했으며, 이는 과장을 문란하게 하는 원인이 되었다(정조 21).

이러한 신분 상승 욕구는 홍패나 가자첩, 절충첩 등 납속첩의 위조를 낳았다. 특히 홍패의 위조가 가능했던 데에는 과거제의 문란이 큰 역할을 했는데, 그 가운데 무과의 폐단이 심했다. 조선후기 무과는 고위 무관을 선발한다는 당초 국가의 의도와 달리 임진왜란 이후 한꺼번에 1000명 이상을 선발하는 만과萬科의 설치, 다양한 별시의 빈번한 시행, 직부제直赴制의 활성화 등으로 출신자들이 대폭 증가했다.

정약용이 "무과의 폐단이 날마다 증가하여 마침내 온 나라의 백성 중에 한 사람도 활을 잡고 나오는 사람이 없었다"(『경세유표』 권15)고 지적할 정도로, 무과를 보는 응시자들의 대부분은 대신 활을 쏘게 하는 이가 많았다.

---

* 품계나 관직을 수여하기 위해 발행한 사령장을 납속첩이라고 불렀다.
** 조선시대 관공서 상호간에 수수되는 관용 문서. 업무 협조용으로 오늘날의 공문서와 비슷하다.
*** 학식이나 어떤 전문적인 분야에서 뛰어난 사람.
**** 잔글씨 쓰는 일에 능한 사람. 또는 잔글씨 쓰는 일을 직업으로 삼는 사람.

과거의 폐단은 18세기에 더욱 증가해 부정으로 합격을 시켜주는 매과買科
가 성행하자, 이에 조응하여 위조 홍패를 판매하는 자들이 증가했다. 헌종 8
년 무안에 사는 조귀철趙龜哲이 홍패 위조범으로 형조에 체포되었다. 조귀철
은 선전관* 신씨의 주선으로 서울 마계전의 돈 500냥을 빌려 매과를 하는 데
지급하고 홍패를 받아 귀향했다가, 채무를 다 갚지 못해서 채권자들에게 소
송을 당하기도 했다.

선전관은 직책상 무과를 담당하는 하급 관리들과 결탁이 가능해 무관직을
사려는 응시자들의 중개인 역할을 하고 있었다. 중개인들은 매과를 이유로
서울의 사정을 잘 모르는 지방 출신 과거 응시자에게 접근했으며, 결국에는
매과나 대사를 통한 급제가 아닌 위조 홍패를 지급하는 것으로 이들을 속이
고 있는 실정이었다. 지방민 또한 신분 상승의 욕구로 기예가 없어도 돈만 있
으면 무과에 합격한다는 소리에 마계전에서 500냥을 빌려 무과에 입격하고
자 했다.

그렇다면 위조 홍패의 사회적 의미는 무엇인가. 조선후기 무과는 한꺼번에
1000명, 1만 명을 뽑을 정도로 다량의 출신자를 배출했다. 숙종대 만과의 경
우 1만 8000명을 뽑았는데, 조부와 부, 손자 3대가 함께 합격하고, 합격자 발
표 때에는 동명이인이 나타나 서로 싸우는 일이 있을 정도였다. 그러니 한량
들이 대거 응시하는 것이 일반적인 추세였다(심승구).

물론 국가에서 이들 모두를 관직에 수용한 것은 아니었다. 그럼에도 상천
들이 무과에 진출하려고 한 이유는 과거급제자에게 붙는 사회적 인식과 신분
상승 때문이었다. 정조대 위조 홍패를 산 박민행朴敏行은 '나주의 12개 섬 가
운데 엄태도嚴泰島에는 부자가 가장 많지만, 예로부터 과거 출신자가 없었기

---

* 왕의 시위侍衛 · 전령傳令 · 부신符信의 출납과 사졸의 진퇴를 호령하는 업무를 맡아본 관리.
일종의 무직승지武職承旨의 구실을 한 무관이다.

때문에 과거에 합격해 12도를 유가遊街하면 전재錢財를 수렴하는 게 육지보다 배가 된다'는 말에 과거에 응시했다. 그러나 박민행이 정시에서 떨어지자, 동행한 이종원은 별시가 또 있다며 부추기고 대사자代射者를 내세워 과거에 응시하게 했다. 이종원은 궁장弓匠인 김유택을 대사자라고 속여 박민행에게 300냥을 받았으며, 김유택과 함께 위조 홍패를 만들고 창우倡優(광대)를 모집했으며, 재인才人 3인도 돈을 주고 사서 박민행과 함께 유가 행렬을 했다.

여기서 보듯 과거급제자가 촌락에서 갖는 사회적 위상은 높았다. 또한 남자들은 과거에 급제하면 신역을 면제받아 이로 인한 경제적 부담이 줄어들어 자식 대에 이르러 신분 상승을 도모하는 데 유리하기 때문이기도 했다(심승구).

새색시 박 여인은
왜 스스로 목을 찔렀는가

전염병 돌 때 출입한
의문의 남자를 찾아라

사건 14

1785년(정조 9) 11월, 황해도 평산의 과부 최아기崔阿只의 며느리 박조이朴召史가 집안에서 목을 맨 채 발견됐다. 시집온 지 갓 석 달이 지난 새댁의 자살이었다. 집 안에서는 며느리를 핍박했다는 소리를 들을까 봐 서둘러 장례를 치렀다. 죽은 박조이의 친정아버지 박장혁朴長赫이 소식을 듣고 달려왔을 때는 이미 장례가 끝난 뒤였다.

　박장혁은 양반 집안에서 건강하게 자란 딸아이가 시집가자마자 갑자기 죽을 결심을 한다는 게 말이 안 된다고 생각했다. 과부의 자식에게 시집을 보낸 것도 찜찜했었는데, 낯설고 힘든 시집살이 중에 죽게 된 것이 아닌가 추측되었다. 박장혁은 시어머니 최아기를 붙잡고 바른 대로 대라고 공박했지만 "내가 그 아이 속내를 알 리가 있소"라는 말뿐이었다. 결국 박장혁은 관아에 철저한 조사를 촉구하는 고소장을 내기에 이르렀다.

　고소장을 접수한 평산군수 정경증鄭景曾은 박조이의 사망 원인을 밝히기 위해 검험을 실시했다. 그러나 이 사건의 경우 시댁에서 이미 박조이의 시신을 땅에 묻었기 때문에 검험하기가 쉽지 않다. 평산군수는 형방 서리로 하여금 박조이의 무덤을 열어 검험하는 작업을 시행하게 했다.

이미 매장한 자의 시신을 파서 검험하는 '굴검掘檢'은 영조대 이전에는 시행되지 않던 것이다. 그러나 정조는 즉위 초부터 살인 사건에 있어 검험보다 중요한 것은 없음을 강조하며, 굴검을 허용했다. 이는 사람을 죽인 자가 면죄免罪되는 일이 있게 해서는 안 된다는 정조의 입장이 반영된 한편, 살인 사건시 피해자와 가해자 사이에 사적인 합의私和가 이뤄져 시신을 몰래 매장하는 폐단을 방지하기 위해서였다.

평산군수는 유족이 제출한 고소장의 내용처럼 스스로 목을 맸는지 아니면 목매임을 당했는지의 여부와, 스스로 칼로 찔렀는지 아니면 칼에 찔렸는지를 확인하는 데 검험의 초점을 맞추었다. 박조이의 시신은 매장한 지 오래여서 시체의 형태를 파악하기 어려웠다. 오작인을 시켜 여러 차례 약물과 기구로 깨끗이 씻고 문질러 닦아 여러 시간 시험했으나 온몸이 썩어서 검험하기 매우 어려웠다.

시신의 상태는 두 눈이 감겨 있었으며, 오른손은 부드러웠다. 발견된 상처는 모두 세 군데였다. 목 앞쪽으로 두 곳에 칼에 찔린 자국이 있었는데, 상처의 너비와 깊이는 한 곳이 1~2푼 정도였고, 다른 한 곳은 3~4푼 정도였다. 목 옆으로 난 상처는 푹 꺼져 있었으며, 찔린 상처 위로는 목을 맨 줄 자국이 나 있었다.

평산군수는 목의 경우 찌르면 반드시 죽는 곳으로, 그 목을 한 번에 찌른다는 것은 보통 사람으로는 할 수 있는 일이 아니라고 생각했다. 그것도 스스로 두세 번을 연속해서 찌른다는 것은 이해가 되지 않았다. 이에 그는 평소 박조이의 행적과 그간의 정황을 조사하기 위해 관련자들을 심문했다.

시어머니 최씨는 며느리 박조이가 시집온 지 겨우 90일이 지났으며, 그중에서 60일은 병에 걸려 따로 살아 30일만을 시댁 가족들과 함께 살았다고 했다. 그러나 평소 성격이 소심하고 속이 좁았던 박씨가 자신에게 꾸중을 자주 듣자 이를 참지 못하고 목을 맨 것이라고 진술했다. 그녀는 오히려 사돈인 박장혁이 아들 조광선을 협박해 며느리가 타살됐다는 진술서를 쓰게 했다고 고소했다. 친정에서는 타살을, 시댁에서는 자살을 주장해 의견이 팽팽히 맞서고 있었다.

평산군수는 남편인 조광선을 신문했다. 조광선은 박장혁과 함께 부인 박조이가 누군가에 의해 죽임을 당했다고 소장을 낸 상태였다. 하지만 신문 과정에서 조광선은 장인 박장혁이 "네 어머니가 내 딸을 죽이고 스스로 목을 찔렀다 꾸며댔으니, 그 뜻을 관아에 고발하겠다. 그러나 네가 '아내는 우리 어머니가 죽였다'라고 자술서를 쓰면 이것을 보증으로 삼고 관아에 고발하지 않겠다"고 하며 진술서를 쓸 것을 요구했다고 주장했다. 따라서 자신은 장인 박장혁의 협박에 따라 불러주는 대로 자술서를 작성했을 뿐이라고 말했다.

사건을 고발한 박장혁에게서도 박조이의 사건을 마땅히 타살로 결정할 증거를 찾을 수 없었다. 초검관인 평산부사 정경증은 다시 박조이의 시신을 검험했다.

『무원록』의 스스로 베고 죽은 경우

시체는 입과 눈을 모두 닫고 두 손을 주먹 쥐고 살빛은 누렇고 머리털은 뭉쳐 있다.

목 위에 상처가 한 군데 있는데, 길이와 깊이가 얼마 되지 않으며 식도가 끊어져 있다. 검험하는데 이와 같으면 생전에 칼로 스스로 베어 사망한 경우다.

스스로 숨통 아래를 베고 죽은 경우 시체의 입과 눈이 모두 닫혀 있고 두 손을 주먹 쥐고 팔은 구부려 오그라들었으니 대개 죽은 사람이 손으로 인물刀物을 쥐고 힘을 주므로 자연히 주먹을 쥔 상태가 된다.

박조이는 칼에 맞선 흔적도 없었다. 다른 사람에게 피살됐다면 몸에 묶인 자취가 있거나 손바닥에 칼을 맞은 흔적 등이 있어야 하는데, 박조이에게는 그러한 자취를 찾아볼 수 없었고 반항한 흔적도 발견할 수 없었다. 손은 부드러웠고 눈은 감겨 있었다. 이는 곧 『무원록』의 스스로 찌른 조목과 일치했다.

목을 맨 상처에서도 타살의 흔적을 찾을 수 없었다. 박조이의 경우 시렁에 목을 맸는데, 그 높이는 아무리 높아야 8척이 되지 않았다. 높이가 8척 이상은 돼야 두 다리가 허공에 매달릴 수 있기 때문이다. 시렁의 높이가 낮았으므로 박조이는 공중에 매달릴 수가 없었다. 목을 맬 때 사용한 베 또한 부드럽고 느슨해 새끼줄을 사용해 죽을 때보다 효과가 없었다.

이러한 초검 결과를 종합해 평산부사 정경증은 박조이가 스스로 목을 매고 칼로 찌른 것이라 결론 내렸다. 목을 매 죽으려 하다가 죽어지지 않자 칼로 자신의 목을 세 번 찔러 자살했다며 초검에 대한 자신의 의견을 말했다. 자살한 이유에 대해서는 편협한 성격의 박조이가 시어머니의 가혹한 시집살이를 참지 못해서 한 행동이라고 검안에 기재했다.

복검이 실시되다
목을 맨 자국은 사라져버리고

얼마 후 복검이 실시됐다. 복검관은 배천군수 이서회李瑞會였다. 복검 결과는 초검과 동일했다. 하지만 차이가 있다면 초검에서 발견됐던 목을 맨 줄 자국이 복검에서는 발견되지 않았다는 점이다. 복검관은 수건으로 목을 맸으나 느슨해서 죽음에 미치지 않았고 이로 인해 자취가 드러나지 않은 것이라고 그 이유를 설명했다.

또한 박조이가 자살한 원인에 대한 결정적인 진술로 친족 조종걸趙宗傑이 "박조이가 두 차례 불을 질러 시어머니에게 꾸중을 들었다"고 한 증언과 "내 딸에게 잘못이 있었다"는 박장혁의 증언을 받아냈다. 며느리 박조이가 초가집의 지붕을 이는 날에 실수로 불을 내 이것이 마을에 나쁜 소문으로 퍼져 시어머니에게 엄한 꾸중을 들었던 것이다. 따라서 복검관 이서회는 갓 시집온 박조이가 자신의 실수로 부덕婦德이 모자란다는 소문을 듣자 부끄러워 얼굴을 들지 못했으며, 이를 변명하기보다는 스스로 목숨을 끊기로 마음먹어 아무도 없는 날을 틈타 자신의 목을 찔러 자살했다고 결론을 내렸다.

초검과 복검의 결과가 '박조이의 자살'로 일치하자 황해도 관찰사 홍병찬洪秉纘은 다음과 같은 최종 의견서를 왕에게 제출하고 사건을 마무리 지었다.

"스스로 목을 매거나 찌르는 일은 흔히 있습니다. 그러나 박조이의 시체에는 목을 매고 찌른 일이 모두 겹쳐 있어 사람이 구분하기 어렵습니다.

여러 차례 초검과 재검 기록을 살폈으나 생각하면 할수록 의혹만 더할 뿐이되, 네 번 찌른 칼자국은 두 기록이 서로 같아 그 죽음이 목을 맨 데 있는 것이 아니란 점은 명백합니다. 목의 칼자국은 또『무원록』의 스스로 목을 찌른 조문과 딱 들어맞으니 살인 사건의 성립 문제는 논의할 바가 아닙니다. 다만 박조이가 비록 편협한 성품이라 하나 시집간 지 두세 달 밖에 안 되어 부부 사이의 정분이 괜찮았고 시어머니와 며느리가 교묘한 말로 현혹시키고 이간시킴이 없었습니다. 왜 죽으려고 했는지 참으로 이해가 되지 않습니다."

홍병찬은 박조이의 사건을 자살로 마무리 짓고 친정아버지 박장혁을 사위를 협박한 죄로, 시어머니 최씨는 며느리를 핍박한 죄로 하옥시켰다.

사건은 다시 삼검三檢으로
새로 부임한 관찰사 팔을 걷다

박조이의 친정에서는 사건의 결론이 자살로 나오고 아버지가 사위를 협박한 죄로 감옥에 갇히게 되자 격쟁을 결심했다. 남동생 박용해朴龍海가 한양으로 올라가 정조가 행차하는 행렬을 기다렸다가 징을 치며 자신의 누이가 피살됐음을 거듭 호소했다. 정조는 시친의 억울함을 하소연하는 격쟁의 말을 모두 믿을 수는 없지만 박용해의 경우 누이의 원통한 죽음이 천지의 화기를 해치는 단서가 되기에 충분하다고 생각

조선 1800년대 말의 감옥. 통나무를 생긴 모양대로 흙담에 심어놓듯 벽을 쳐놓았다. 겨울에는 춥고 여름에는 시원할 듯한 모습이지만, 감옥에 갇힌 죄인들에게 여름은 지옥의 계절이었다. 조선시대에는 하나의 옥사가 완전히 결론나기까지 오랜 시간 가둬놓고 심문하는 것이 일반화되어 있었다. 푹푹 찌는 여름 심문 과정에서 곤장이라도 맞으면 상처가 금방 곪지만, 감옥에 갇힌 죄인에게 별도의 치료가 이뤄지지는 않았기에 많은 사람이 창질이 도져 죽었다. 이 책에 나오는 사건의 주인공들 또한 절반 이상이 감옥에 갇힌채 조사를 받다가 죽었다.

했다. 그리하여 황해도 관찰사로 하여금 직접 사건을 챙겨 엄중히 조사하도록 지시했다.

박용해의 격쟁으로 사건은 다시 삼검으로 넘어가게 됐다. 당시 황해도에는 홍병찬이 물러나고 새로운 관찰사 엄사만嚴思晩이 부임한 상태였다. 박용해는 신임 관찰사가 도임하는 날에도 가장 먼저 와서 '누이가 남에게 죽임을 당했으나 살인 사건이 성립되지 않았다'고 재차 소장을 올린 상태였다. 엄사만은 이를 받아들여 박조이 자살 사건을 재수사하라고 지시했다. 여기에 더하여 박용해의 격쟁으로 정조가 이번 사건을 엄중히 조사할 것을 명령했기 때문에, 엄사만은 사건에 연루됐던 여러 사람을 감영의 감옥에 가둬놓고 조사관과 합동으로 조사에 착수했다.

먼저 그는 초검과 재검의 조사 신문 기록을 자세히 살피고 항간에 떠도는 소문을 은밀히 탐지했다. 박조이 사건은 자세히 들여다볼 수록 의심스런 것이 한두 가지가 아니었다. 엄사만은 우선 박조이가 스스로 자기의 목을 찔렀다는 것에 의심을 품었다. 연약한 여자가 목을 맨 후 한 번 찌르고 그후 연속해서 세 번 이상을 찌르기는 쉽지 않기 때문이다. 더구나 처음 찌른 것은 상처가 대단히 얕고, 두번째 찌른 것은 1~2푼이며, 세번째 찌른 것은 3~4푼으로 깊었다.

『무원록』의 스스로 베어서 죽은 조문의 주석에는 "스스로 목구멍 아래를 베었다면 단지 칼 흔적이 한 군데만 있을 뿐이며, 한 번 베고 난 뒤에는 다시 베지 못한다"고 쓰여 있었다. 여기에 의거한다면 박조이의 목에는 칼로 벤 자국이 한 군데만 있어야 했는데 서너 곳에 이르니 스스로 찌른 것이라 말할 수 없다고 엄사만은 잠정 결론을 내렸다.

또한 초검과 복검에서는 "박조이의 오른손이 부드럽고 눈이 감겼다"는 것을 근거로 『무원록』의 조목과 일치한다고 결론을 냈다. 엄사만은 『무원록』을 자세히 살펴보기 시작했다. 이윽고 그는 『무원록』에 '누운 자리에서 찔린 조문'이 있다는 것을 알아냈다. 여기에는 "무릇 사람은 평소 오른손을 사용하고 누운 자가 순종하지 않으면 칼끝은 모두 아래로 향하여 상처가 오른쪽 어깨와 목 사이의 오목한 곳에까지 미친다"고 했다. 박조이의 검험서에는 "칼날 끝이 모두 오른쪽 가장자리로 향했다"고 기록되어 있으니 이 조문과 일치하는 상황이었다. 만약 조문을 적용했더라면 그녀는 누운 자리에서 찔렸음이 십분 명백해졌을 터였다.

초검관과 복검관은 손으로 칼을 맞선 자국이 없다며 자살로 보았다. 그러나 『무원록』의 기록 가운데 남에게 죽임을 당한 조문에는 "급소를 한칼에 맞아 죽게 된 경우 죽은 사람의 손 위에 상처가 없다"고 적혀 있다. 더구나 팔에 묶인 자취가 없고 손에 칼을 맞은 흔적이 없었다는 것은 다시 생각하면 박조이의 살해에 협조한 사람이 있었음을 말해주는 것이다.

엄사만은 또한 초검장에는 목을 맨 흔적이 기재되어 있으나 복검장에는 그에 대한 기록이 없다는 사실에 주목했다. 만약 살았을 때 목을 맸으면 살갗이 비록 썩었다 하더라도 그 흔적은 없어지지 않는다. 목을 맨 자국이 처음에 나타났다가 나중에 사라진 것은 죽은 뒤 목이 매여 혈맥이 돌지 않았기 때문이다. 이것이야말로 타살의 확증이 된다고 엄사만은 생각했다.

게다가 당시의 초검관 정경증과 복검관 이서회가 조씨 집안과 혼인

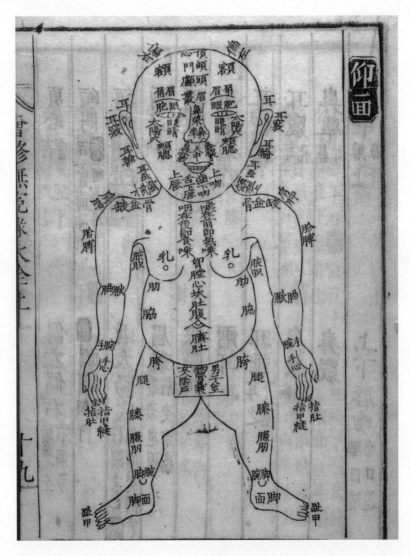

『증수무원록』에 실린 인체도. 몸의 각 부위의 명칭이 팔과 다리, 몸통, 머리 부분으로 나뉘어 자세히 기록되어 있다. 검험관은 시체에서 요해처를 찾아내면 이 그림과 유사하게 따라 그린 뒤 명칭을 기입하고 상부에 올릴 보고서의 근거 자료로 삼았다.

관계에 있거나 같은 스승 밑에서 함께 공부한 사이라는 사실도 확인했다. 원래 조선시대에는 상피제가 적용되어 친인척관계에 있는 사람은 검시를 맡을 수 없게 돼 있었다. 이들은 다만 조씨 집안의 말을 믿고 박조이가 죽은 원인을 전혀 밝히지 못했으며, 또한 살옥의 성격도 자살로 잘못 결정했다. 게다가 초검관 정경증은 시신의 가족에게 주도록 돼 있는 시체 검험서를 유족인 박장혁에게 주지도 않았다.

엄사만은 삼검에서 칼자국이 서너 곳에 있었다는 점, 칼날 끝이 모두 오른쪽 가장자리로 향했다는 점, 손 위에 상처가 없었다는 점, 초검에 있었던 목을 맨 흔적이 복검에는 나타나지 않았다는 점 등을 들어 박조이는 자살한 것이 아니라 타살된 것이라고 결론지었다. 즉 그는 박조이가 누워 있는 상태에서 칼에 찔려 죽었으며, 범인은 한 명이 아니라 두 명 이상이라고 추측했다.

자살이냐 타살이냐, 새롭게 밝혀지는 사실들

남에게 찔렸다면 누구일까. 당시 집 안에는 남편과 계모만 있었다. 하지만 박조이는 시집온 지 세 달밖에 되지 않아 부부 사이에 반목한 일이 없었고 시어머니와 며느리 사이도 나쁘지 않았다. 즉 엄사만은 남편이 아내를 죽일 일이 없었고, 시어머니가 며느리를 죽일 일도 없다고 생각했다. 엄사만은 집 안에 왕래한 자를 조사해보았다.

초검의 기록을 살펴보던 엄사만은 특이한 부분에서 눈이 번쩍 떠졌다. 사건 발생 당시 평산군수가 두 집안이 서로 상반된 진술을 하니 이와는 다른 정황을 찾기 위해 집안의 노비들을 신문한 기록이었다. 그중에 계집종 사단四丹이 했던 말이 심상치 않았던 것이다. 그녀는 "친척도 아닌 이차망李次望이 집에 왕래했다" "안주인 최씨 부인이 이차망과 대문 안에서 서로 만나 몰래 나갔다" "안주인 최씨 부인이 애를 뱄다가 낙태했다"고 진술했던 것이다. 이차망이 사건 관련자로 잡혀왔으나 그는 상중喪中에 있던 동네 사람이었다. 그는 자신의 죄를 극구 부인했으며, 평산군수도 그가 상중이라 신문을 심하게 하지 못했다. 관련자들의 진술 또한 시어머니 최씨 부인의 행실이 부도덕하여 외간 남자와 간통을 했다는 것이지 박조이의 죽음을 직접 목격하거나 들은 자는 없었다.

그러나 신임 관찰사 엄사만의 눈에는 이것이 사건 해결의 실마리로 보였다. 그는 계집종 사단을 다시 불렀다. 사단은 다시 "며느리 박조이가 자신의 집에 이차망이 왕래하는 것을 보고 이상하게 여겨 싫어했다"고 진술했다. 이차망과 최씨 부인이 만나는 걸 며느리 박씨가 알았다는 것이다. 그러다가 사촌 친척인 조광진으로부터 새로운 진술을 확보했다.

"박조이가 죽게 되던 날 최씨 부인이 갑자기 새 옷으로 갈아입으므로 이를 매우 수상하게 여기고 헌 옷을 살펴보니 핏자국이 여기저기 어지럽게 흩어져 있었습니다. 그러자 최씨 부인이 힘써 빼앗으며 오히려 눈에 띄지 않았나 두려워했습니다."

엄사만은 조광진의 진술을 토대로 최씨 부인과 조광진을 대질신문했다. 그러자 최씨 부인은 말을 어물거리며 다만 "네가 나를 죽이려 하느냐"며, 범죄 사실을 극구 부인했다. 이에 엄사만은 최씨 부인이 범행을 자백하지 않더라도 주범이라고 단정했다. 이 사건을 시어머니 최씨에 의한 살해극으로 보고 적극적인 재수사를 형조에 요청했다.

형조의 보고를 받은 정조는 박조이 사건에 대해 전임 관찰사와 신임 관찰사의 의견이 자살과 타살로 현격히 다르게 나타나자 형조의 관원에게 세 차례나 자문을 구했고, 대신들에게 여러 차례 묻기도 했다. 그러나 정조는 대신들의 의견이 서로 달라 하나로 결정할 수 없었다. 어사를 파견해 살피게 하자는 영의정의 의견에 따라 검교대교檢校待敎 이곤수李崑秀를 평산부 안핵어사*로 임명해 전에 받았던 진술과 이후의 문서, 그리고 수렴된 의견들을 일체 가져가 정확한 조사를 하도록 지시했다.

명을 받은 암행어사 이곤수는 황해도 평산부로 가서 재령군수 김기후金基厚, 배천군수 정동기鄭東驥, 토산현감 김사희金思羲를 참사관參査官으로 차정差定했다. 또한 심문에 응할 사람들을 모두 잡아와서 추핵推覈했다. 이곤수는 박조이가 목을 맨 것과 찔린 것의 근본 원인을 알기 위해서는 먼저 최씨 부인 간통의 진위 여부를 알아야 한다고 보았다. 최씨의 간통과 박조이의 죽음이 연관된 것이라 여겼던 것이다. 이에 초검과 복검에서 진술한 관련자들을 다시 엄중히 심문했다.

먼저 초검 때 최 여인의 간통을 증언했던 계집종 사단을 심문했다.

---

* 암행어사는 그 목적에 따라 순무어사, 안집어사, 균전어사, 시재어사, 감진어사, 안핵어사, 독운어사 등으로 분류하여 불렀다.

그런데 그녀의 입에서는 또다른 이야기가 풀려나오기 시작했다.

"부인의 방에 출입한 사람은 머리에 방립을 썼는데, 어두운 밤중이라 그 얼굴을 가려낼 수 없었습니다. 그런데 사건 이후 친척 조광진이 저에게 이차망을 고발할 것을 부탁하므로 그를 고발했던 것이지만, 이제 와서 생각해보니 방립을 쓴 사람은 조광진이 틀림없습니다. 주인집에 염병이 들어 온 동네 사람이 왕래하지 않을 때도 유독 조광진만 혼자 왕래했습니다."

사단의 진술은 초검 때와는 또다른 내용이었다. 과부 최씨 집에 왕래한 사람은 이차망이 아니라 조광진이라는 것이다. 또한 자신은 조광진의 지시대로 이차망을 고발했다고 했다. 암행어사 이곤수는 이 옥사의 핵심이 조광진에 달려 있다고 파악하고, 즉시 그를 붙잡아 조목조목 따져 물었다. 다른 죄수들과 함께 조광진을 대질시키기도 했고 조광진이 보는 곳에서 해당하는 각각의 사람들을 서로 대질시키기도 했다.

조광진은 처음에는 완강히 부인했다. 그러다가 이곤수가 곤장 일곱 대를 치며 형문을 하자 이를 참지 못하고 자백하기 시작했다.

"저와 최씨 부인은 가까운 친척이었으므로 서로 왕래하는 데 있어서 남의 이목을 받지 않고 쉽게 행동할 수 있었습니다. 그러나 박조이가 시집 온 뒤에 저와 시어머니의 사통私通관계를 알고 드러내놓고 불만스런 내색을 했습니다. 제가 을사년(1785, 정조 9) 4월 15일에 최씨 부인의 집에 도착했을 때, 그녀가 말하기를 '우리 두 사람의 일을 며느리가 알고 있으니,

만약 죽여서 입을 막지 않는다면 장차 큰일을 초래할 것'이라고 했습니다. 마침 4월 20일 아침에 집주인 조광선은 안장을 빌리기 위해 출타했고 계집종과 사내종은 나물을 캐기 위해 나간 뒤라 저와 최 여인이 힘을 합해 박조이의 목숨을 해쳤습니다. 제가 목을 졸랐고 최씨 부인이 칼로 찔렀습니다."

암행어사 이곤수는 조광진과 최 씨를 대질시켰다. 조광진은 "일이 이 지경에 이르렀는데 어찌 형벌을 받은 뒤에 바른대로 공초하겠습니까. 박조이를 죽인 것은 20일 아침 전이었고, 죽일 때의 광경을 말하자면 묶어놓고 목을 조인 것은 저와 최 여인이 힘을 합했습니다" 하고 실토했다.

그러고 나서 최씨 부인에게 말하기를 "우리의 일은 지금 이미 탄로가 났습니다. 국법이 지엄하니 당신도 사실대로 공초하도록 하십시오" 하며 다그쳤다. 그러나 최씨 부인은 "저는 실제로 손을 댄 일이 없습니다"라며 극구 부인했다. 이곤수는 조광진을 다시 신문했다. 자포자기한 그는 최씨 부인과 간음한 시기 및 박조이를 찌르고 조른 절차를 낱낱이 승복했다.

"제가 최씨 부인과 간음한 것은 계묘년(1783, 정조 7) 봄부터입니다. 며느리 박조이를 찔러 죽일 때에 최씨 부인이 두 차례 칼로 찔렀으나 그래도 즉시 죽지 않을까 염려해서 제가 연이어 두 차례 칼로 찔렀으니, 찌른 곳이 도합 네 곳입니다. 목을 조른 물건은 박조이의 방 가운데 두었던 무명 두건이고, 죽일 때 사용한 칼은 최씨 부인 집에서 뽕잎을 썰 때 사용하던

〈노상풍정도〉, 작자미상.

조선시대 길에서 남녀의 풍정을 담은 그림. 여인들이 쓰고 있는 것은 전모라고 하여 외출할 때, 또
는 말을 탈 때 썼다. 기름종이로 만든 모자로 아름다운 문양을 넣어 길 가는 남성들의 눈길을 사로
잡았다.

칼입니다."

조광진의 자백으로 자살로 마무리 지었던 박조이의 죽음은 결국 시어머니 최씨와 간부 조광진에 의한 살인극으로 판명됐다. 사건이 발생한 지 3년 만의 일이었다.

제3의 인물 조광진의 실토
주범을 밝혀 처벌하라

사건의 주동자가 드러나자 형조와 대신들은 이들의 처벌 수위를 의논했다. 영의정 김치인金致仁은 "이 옥사는 윤리와 기강의 일대 변고입니다. 보통의 살인 사건에 비길 것이 아니니 꾀를 낸 사람과 행동을 한 사람을 나누어서는 안 될 것입니다" 하였고, 형조판서 김종정金鍾正과 참판 이치중李致中은 "조광진이 이미 실토했으니 최 여인이 어떻게 완강히 거부하겠습니까. 빨리 바른 진술을 받아 일체 격식을 갖추어야 할 것입니다"라고 했다.

『대명률』의 살인을 꾀한 조문을 보면 주모자는 참형에 처하고 공범한 자는 교수형에 처했다. 『속대전』의 간통 조문에는 사족士族으로 석 달 동안 상복을 입는 시마친緦麻親* 이상 친족의 아내와 간통한 경우에는 때를 기다리지 않고 교수형에 처했으며, 사족의 부녀婦女로서 음욕

---

* 8촌 이내의 친척.

왼쪽에 『대명률』이 보인다.

을 자행해 풍속과 교화를 어지럽힌 자는 간통한 사내와 함께 교수형에 처한다고 했다. 이 법률 조목으로 따지면 최씨 부인과 조광진은 다섯 달 상복을 입는 친척 간이었다. 따라서 형조는 최씨 부인에게 주범의 죄를 적용해 참형에 처할 것을, 조광진은 종범으로 삼아 교수형에 처할 것을 주장했다.

이 사건은 음란한 남녀가 한 여인을 함께 죽였으므로 주범과 종범에는 본래 차이가 없었다. 다만 대낮에 사람을 죽인다는 것은 여인으로서는 생각할 바가 못 됐다. 조광진은 상복을 입고 어둔 밤 왕래하는 것을 새색시에게 여러 번 들키자 음탕한 시어머니와 힘을 합쳐 목을 묶었으며, 찌르고 또 찔렀으니 주범으로 판단해도 의심할 수 없었다. 게다가 계집종을 위협하여 이차망에게 죄를 뒤집어씌우고 자신의 범죄 행위를 은폐하려고 했으니 조광진이 이 사건의 주범이었다.

이처럼 조광진은 박조이 살인의 주범으로, 사대부 여인을 간통한 간부로, 여러 조목에서 사형에 해당하는 형벌을 받아야 했지만 3년 동안 계속된 형신을 참지 못하고 감옥에서 사망했다. 이에 정조는 『대명률』 투구闘毆편에 "조부모, 부모가 도리에 맞지 않은 며느리, 손자며느리를 고의로 살해한 경우에는 장 100, 유 2000리에 처한다"는 항목을 적용해 최씨 부인을 처벌했다. 아울러 박조이 사건의 검험을 담당한 고을 수령들도 처벌했다. 정조는 당초 박조이의 사건을 잘못 판결한 것을 초검관과 복검관의 조사가 잘못된 데에서 빚어진 것으로 생각했다. 그리하여 초검관 정경증과 복검관 이서회에게 모두 벼슬아치의 명부仕版에서 삭제하는 형전을 시행하게 했다. 또한 박장혁·박용해가 박조이의 시체를 신고 와 조사를 청한 것은 딸과 누이를 위하는 지극한 정에서 나온 것이었는데, 이러한 원통함을 살펴 옥사를 번복시켜주지는 못할망정 갑작스럽게 죽은 사람의 아비에게 형벌을 가한 전 황해도 관찰사 홍병찬을 삭직削職시켰다. 한편 피고인 이차망은 즉시 석방하도록 했다.

살옥이면서 음옥
형사 사건은 가볍게 판단해서는 안 된다

황해도 평산의 박조이 살해 사건은 3년 동안 판결이 미뤄지고 있었다. 처음에는 자살이라 했다가 중간에 타살로 바뀌면서 사건의 전말이 분명하게 드러났다. 이 사건은 고부 사이에서 살인을 저지른 살옥殺獄이면서도, 간통 사건이 결부된 음옥淫獄이었다. 계획 자체가 지극히 참혹했고 사건 자체도 추악했다. 불륜으로 인한 살인 사건이 양반 집안에서 벌어졌을 뿐 아니라, 사회의 윤리와 기강을 손상시키고 풍속을 무너뜨리는 정도가 심해 당시 사람들에게 끼치는 영향이 컸다.

형사 사건은 가볍게 판단해서는 안 된다. 거듭 신중을 기해 조사하고 또 조사해야 하며 번거롭고 중복됨을 마다하지 않고 옥안과 각종 사건 관련 서류를 살펴봐야 했다. 그러기 위해서는 형사 사건을 담당하는 관리들에게 범인을 확정하기 위한 과학적인 수사 방법과 법률 지식을 알게 할 필요가 있었다. 국가에서는 이를 위한 기초 작업으로『무원록』의 언해본을 만들었으며, 이를 관리들의 시험 과목으로 지정했다.

그전까지도『무원록』은 사형에 관한 옥사를 판결하기 위한 검시 과정의 표준 지침서였지만, 본문 내용이 너무 어렵고 까다로워 충분히 활용되지 못했다. 따라서 정조는 능은군綾恩君 구윤명具允明에게 이를 알기 쉽게 언해본으로 만들 것을 명했으며, 이로써『무원록언해』가 편찬·배포됐다. 이후 지방 하급 관리들은 쉽게『무원록』을 접해 형사 업무에 실질적인 도움을 받게 됐다. 정조 21년에는 형사 사건을 담당한 관리들에게 정확한 법률 지식을 습득시키기 위해『무원록』을 율학 및 취재에 정식 시험 과목으로 지정했다.

박조이 사건은 정확한 검험과『무원록』의 조문을 어떻게 이용하느냐에 따라 피해자의 사망 원인이 자살이냐 타살이냐로 결정된 사건이었다. 이는 그만큼『무원록』의 중요성과 함께 초검과 복검의 검험 과정이 얼마나 사건 해결에 중요한 열쇠인지를 명확하게 보여주고 있다.

■ 원전

『朝鮮王朝實錄』, 國史編纂委員會 영인본, 탐구당, 1984

『日省錄』, 서울대 규장각 영인본, 1982

『大明律直解』, 규장각자료총서 법전편, 서울대 규장각, 1999

『大典會通』 上・下, 규장각자료총서 법전편, 서울대 규장각, 1997

『審理錄』 1~4, 국역본, 민족문화추진회, 1998~2000

『審理錄』 奎 1770, 奎 5792

『審理錄』 上篇・下篇, 법제 자료 31・33집, 법제처, 1968

『秋官志』, 법제 자료 75~78집, 법제처, 1975

『刑典事目・欽恤典則』, 법제 자료 82집, 법제처, 1976

『역주 欽欽新書』 1~4, 朴錫武・丁海廉 역주, 현대실학사, 1999

『역주 牧民心書』 1~4, 창작과비평사, 1984

■ 단행본 및 학위논문

『신주무원록』, 김호 옮김, 사계절, 2003

김경숙, 『조선후기 山訟과 사회갈등 연구』, 서울대 박사학위논문, 2002

박병호, 『한국의 傳統社會와 法』, 서울대출판부, 1985

_____, 『근세의 법과 법사상』, 진원출판사, 1996

심재우, 『『審理錄』 연구-正祖代 死刑犯罪 처벌과 社會統制의 변화』, 서울대 박사학위논문, 2005

유승희, 『18~19세기 漢城府의 犯罪실태와 갈등양상 -『日省錄』을 중심으로』, 서울시립대 박사학위논문, 2007

이순구, 『朝鮮初期 宗法의 수용과 女性地位의 변화』, 한국학중앙연구원 한국학대학원 박사학위논문, 1994

한상권, 『朝鮮後期 社會와 訴冤制度-上言・擊錚 硏究』, 일조각, 1996

■ 일반 논문

강명관, 「조선후기 서울의 중간계층과 유흥의 발달」, 『민족문학사연구』 2, 1992

김대길, 「조선후기 서울에서의 三禁정책 시행과 그 추이」, 『서울학연구』 13, 1999

김선경, 「조선후기 여성의 성, 감시와 처벌」, 『역사연구』 8, 2000

김 호, 「규장각 소장 '檢案'의 기초적 검토」, 『조선시대사학보』 4, 1998

유승희, 「18~19세기 官屬層의 실태와 폭력범죄의 발생-漢城府를 중심으로」, 『朝鮮時代史學報』 35, 2005

_____, 「正祖代~哲宗代 漢城府 死刑犯罪의 실태와 민의 갈등양상 - 『日省錄』을 중심으로」, 『朝鮮時代史學報』 41, 2007

_____, 「『日省錄』 刑獄類에 나타난 死罪 기록의 고찰」, 『서지학연구』 38, 2008

장병인, 「조선중・후기 간통에 대한 규제의 강화」, 『韓國史硏究』 121, 2003

조 광, 「18세기 전후 서울의 犯罪相」, 『典農史論』 2, 서울시립대 국사학과, 1996

한상권, 「서울 시민의 삶과 사회문제-18세기 후반 경거인이 올린 上言・擊錚의 분석을 중심으로」, 『서울학연구』 창간호, 1994

미궁에 빠진 조선

초판인쇄 2008년 4월 4일
초판발행 2008년 4월 14일

지 은 이 유승희
펴 낸 이 강병선
편 집 인 강성민
편 집 장 이은혜
마 케 팅 안정원 장으뜸 방미연 정민호 신정민 한민아
제   작 안정숙 차동현 김정후
관   리 박옥희 지수현 한숙경 박숙진 경성희 한보미
광   고 최용화
펴 낸 곳 (주) 문학동네
출판등록 1993년 10월 22일 제406-2003-000045호
임프린트 글항아리

주   소 413-756 경기도 파주시 교하읍 문발리 파주출판도시 513-8
전자우편 bookpot@hanmail.net
전화번호 031-955-8888(관리부) 031-955-8898(편집부)
팩스 031-955-2557

ISBN 978-89-546-0556-4 03900

이 도서의 국립중앙도서관 출판시도서목록(CIP)은 e-CIP홈페이지(http://www.nl.go.kr/cip.php)에서 이용하실 수 있습니다.
(CIP제어번호: CIP2008001075)